94 93 92 91 90 5 4 3 2 1

Text folgt der englischsprachigen Ausgabe »Things that Go«
Titel der Originalausgabe: »Lo sai come si viaggia?«
Originalverlag: Arnoldo Mondadori Editore S.p.A., Milano

Übersetzt und bearbeitet von Walter Diem
Umschlaggestaltung: Atelier Langenfass, Ismaning

Printed in Spain
by Artes Graficas Toledo S.A.
D.L.TO: 837-1990

ISBN 3-7607-4551-2

Inhalt

Huck Scarry

SO FUNKTIONIEREN

FAHRZEUGE

Räder, Kutschen, Züge, Autos

ars edition

Die Welt auf Rädern

Verkehrsmittel bringen Menschen und Material von Ort zu Ort. Das erscheint uns völlig selbstverständlich. Versuch einmal, dir eine Welt ohne Verkehrsmittel vorzustellen. Am besten fängst du bei dir selbst an.
Fast jeden Tag besuchst du die Schule - aber wie gelangst du dorthin? Gehst du zu Fuß, fährst du mit dem Fahrrad, benutzt du einen Schulbus oder eine Straßenbahn?
Und die anderen Mitglieder deiner Familie? Wie kommen deine Mutter oder dein Vater an ihren Arbeitsplatz? Wie schafft ihr eure Einkäufe nach Hause? Richtig kompliziert werden die Antworten, wenn du dich fragst, wie denn die verschiedenen Waren in das Lebensmittelgeschäft kommen, wo ihr sie kauft. Wenn du zum Beispiel den Weg einer Packung Butter vom Hersteller zum Verbraucher verfolgst, wird dir klar, wie stark wir im Alltag von der Möglichkeit abhängig sind, daß etwas einfach, schnell, preiswert und zuverlässig transportiert werden kann.
Bei jeder Ware gibt es natürlich noch zahlreiche Querverbindungen, die ebenfalls Transport-Leistungen erfordern. Butter muß in Folie oder Papier eingepackt werden, die irgendwo anders hergestellt und angeliefert werden muß. Und weiter: diese Folie wird in einer Druckerei bedruckt, die dafür Druckmaschinen und Druckfarben benötigt.
Menschen werden an den Ort gebracht, wo sie hinwollen, Material wird dorthin transportiert, wo man es braucht. Das Leben in der Welt von heute ist ohne Fahrzeuge fast nicht mehr vorstellbar.
Wie ist all das, was uns heute selbstverständlich erscheint, entstanden? Entscheidende Entdeckungen wie Dampfmaschine, Elektro- und Verbrennungsmotor waren Wendepunkte der Verkehrsgeschichte. Dieses Buch gibt Einblick in die vielfältige Entwicklung der Fahrzeuge von der Entdeckung des Rads bis zum modernen Lastkraftwagen, vom Elektromotor bis zum Hochgeschwindigkeitszug.

Schwere dieselhydraulische Mehrzwecklokomotive *V 200* der Deutschen Bundesbahn, 1956

50

Die Reibung wächst mit zunehmendem Gewicht des Gegenstands. Um einen 20 kg schweren Stein fortzubewegen, ist doppelt soviel Kraft nötig wie für einen 10 kg schweren Gegenstand. Um einen mehrere Tonnen schweren Steinblock zu transportieren, braucht man deshalb ungeheuer viel Energie. Die Reibung zwischen zwei Gegenständen kann vermindert werden, indem man die sich reibenden Flächen verkleinert. Die Bauhandwerker im alten Ägypten benutzten hölzerne Schlitten, um die riesigen Quader für ihre Tempel und Pyramiden transportieren zu können. So beschränkten sie die Reibfläche auf die Schlittenkufen. Sie legten außerdem Hölzer aus, auf denen die Kufen der Schlitten rutschen konnten - und sie machten die Hölzer naß, um sie zu kühlen und rutschiger zu machen.

Schlitten auf Gleithölzern

Die Reibung: Freund und Feind

Jeder Gegenstand leistet Widerstand, wenn er gegen einen anderen bewegt wird. Man nennt dies Reibung. Weil die Reibung die Bewegung behindert, haben die Menschen seit jeher nach Möglichkeiten gesucht, diese Energieumwandlung mit geeigneten Mitteln zu verringern: mit Schlittenkufen, Rollen oder Rädern.
Kleine Kugeln oder Walzen können in Maschinen die Reibung zwischen bewegten Teilen fast ganz ausschalten. Aber diese Kugel- oder Walzenlager müssen regelmäßig mit Fett oder Öl geschmiert werden, damit sie auch wirklich beweglich bleiben und die Maschine leicht läuft.
Reibung kann aber auch eine willkommene und nützliche Erscheinung sein. Ohne Reibung könnten wir uns nicht fortbewegen: Sie sorgt dafür, daß unsere Füße oder Schuhe am Boden haften und nicht ständig wegrutschen. Alle Räder müssen auf dem Boden haften, um wirklich rollen zu können. Wenn wir eine Bewegung abstoppen, gelingt das auch nur dank der Reibung. Neben dem Rad ist daher die Bremse das wichtigste Bauteil an einem Fahrzeug.

Schlitten auf Holzrollen

Beim Rollen gibt es weniger Reibung als beim Gleiten. Darauf sind die alten Ägypter auch schon gekommen. Indem sie unter die Schlitten runde Hölzer legten, konnten sie schwere Steinquader mit viel weniger Kraftaufwand transportieren. Nach einem ähnlichen Prinzip funktionieren Kugel- oder Walzenlager, die in vielen beweglichen Geräten und Maschinen anzutreffen sind.

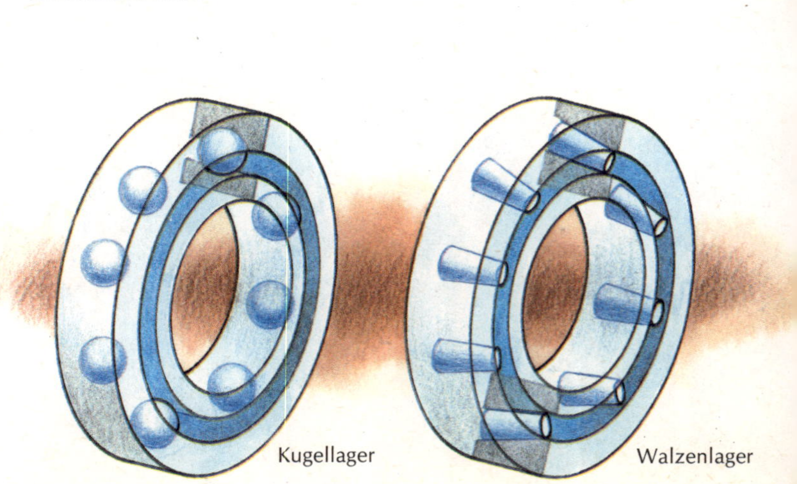

Alle beweglichen Teile einer Dampflokomotive, vor allem die Antriebsteile, müssen regelmäßig geölt werden. Auch der Automotor braucht Öl, damit er mit einem Minimum an Reibung einwandfrei funktioniert.

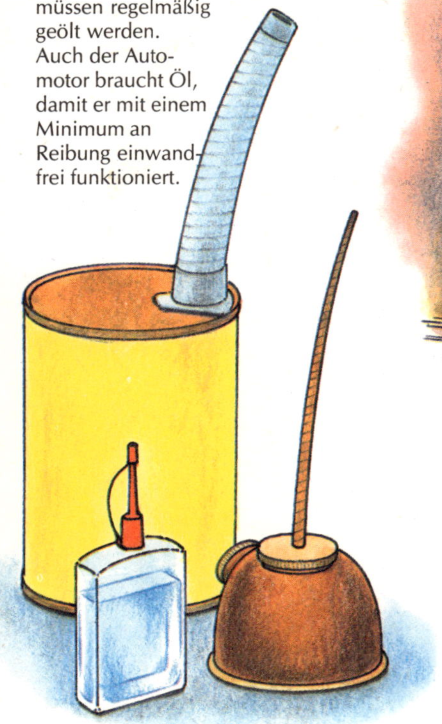

Reibung ist auch nützlich. Ohne Reibung würden die Räder der Lokomotive auf den Schienen durchdrehen, die Autoreifen keinen Halt auf der Straße finden. Diese Reibung nennt man Adhäsion.

Schmiermittel sind besondere Flüssigkeiten, die einen hauchdünnen Film zwischen zwei Flächen bilden, die sich aneinander vorbeibewegen.

Drücken die Bremsbacken gegen die Bremstrommel, verlangsamt die Reibung deren Bewegung.

Bremsen funktionieren nach dem Prinzip der Reibung. Mit einem besonders widerstandsfähigen Material belegte Bremsbacken drücken gegen eine Bremsscheibe oder eine Bremstrommel, die sich mit dem Rad dreht. Die Reibung zwischen ihnen verlangsamt die Drehung des Rades und bringt das Auto zum Stehen.

Schnee und Eis bieten wenig Reibungswiderstand. Man kann mit Schlitten, Skiern oder Schlittschuhen leicht darüber gleiten - manchmal leider auch zu leicht ...

Natürliche Bewegung

Stell dir vor, du wärst so unbeweglich wie Berge oder Häuser. Du könntest nicht gehen und dich nicht mit deinen Freunden treffen. Bewegung ist für uns ganz selbstverständlich - aber sie ist eines der größten Wunder in der Natur, die dafür eine Menge ganz unterschiedlicher Fortbewegungsmethoden entwickelt hat. Jedes Tier hat eine andere Art, sich zu bewegen. Einige Beispiele sind hier zu sehen.

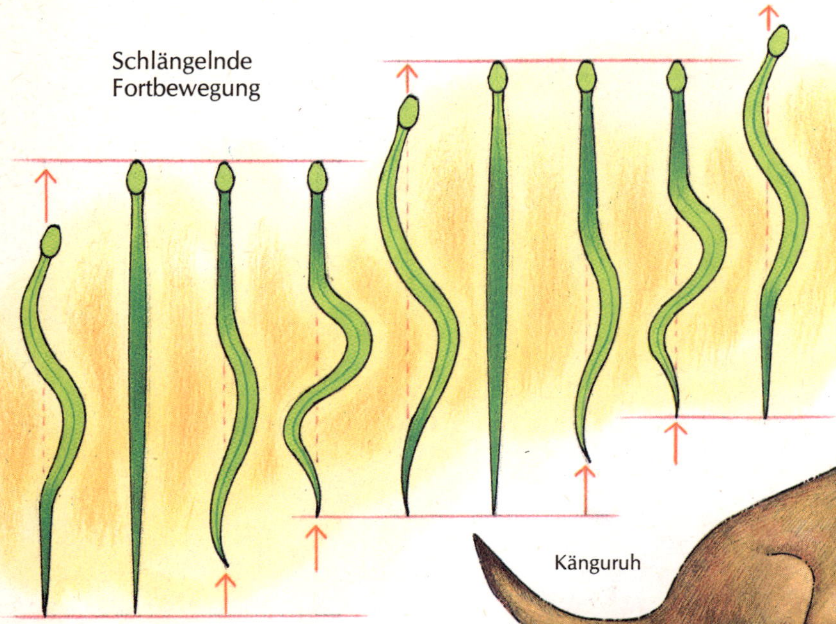

Schnecken kriechen - und das ist ebenfalls eine axiale Bewegung. Muskeln auf der Unterseite ihres Körpers ziehen sich zusammen und entspannen sich, so daß die Schnecke vorwärtsgeschoben wird. Eine dünne Schleimschicht mindert die Reibung auf dem Untergrund.

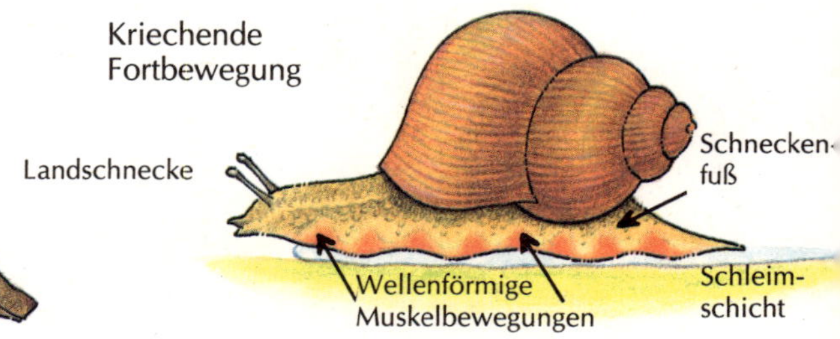

Viele Tiere haben weder Beine noch Arme und müssen daher ihren ganzen Körper zur Fortbewegung einsetzen. Schlangen bewegen sich zum Beispiel dadurch vorwärts, daß sie ihren Körper zusammenziehen und wieder strecken. Während sich der Kopf und der vordere Teil des Körpers vorwärtsbewegen, dient der übrige Körper als Anker. Hat sich die Schlange voll gestreckt, ist der Kopf der Anker, damit der übrige Körper nachgezogen werden kann. Diese Art der Bewegung nennt man auch axiale Fortbewegung.

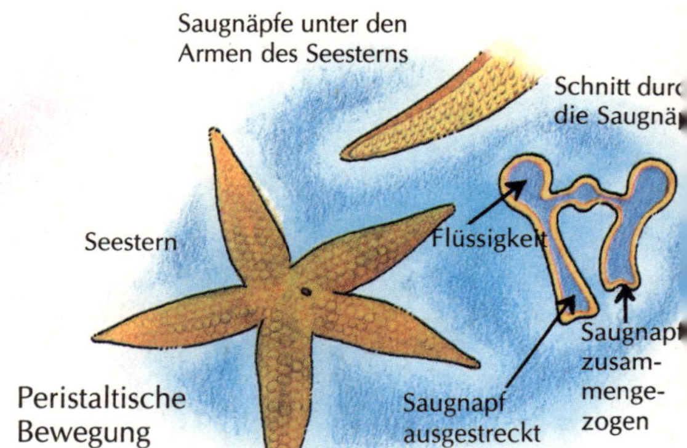

Seesterne bewegen sich mit vielen winzigen Saugnäpfchen auf der Unterseite ihrer Arme. Diese füllen sich mit Flüssigkeit und leeren sich wieder; dadurch strecken oder ziehen sie sich zusammen und bewegen den Seestern. Dies nennt man peristaltische Bewegung.

Frösche, Känguruhs, Hasen und Grashüpfer haben muskulöse Hinterbeine, mit denen sie sich kraftvoll vom Boden abdrücken können. Dabei legen sie manchmal bemerkenswert weite Strecken zurück. Ihre Art der Fortbewegung nennt man Springen.

Alle Lebewesen mit Armen und Beinen - auch wir Menschen - bewegen sich durch Pendelbewegungen der Beine fort. Wenn wir gehen, geschieht das in zwei Phasen. Der Fuß setzt auf den Boden auf, Bein und Körper bewegen sich über den Fuß hinweg nach vorn. In der zweiten Phase verlagert der Körper das Gewicht auf diesen Fuß und holt das andere Bein nach. Die Vorwärtsbewegung eines Beines nennen wir Schritt.

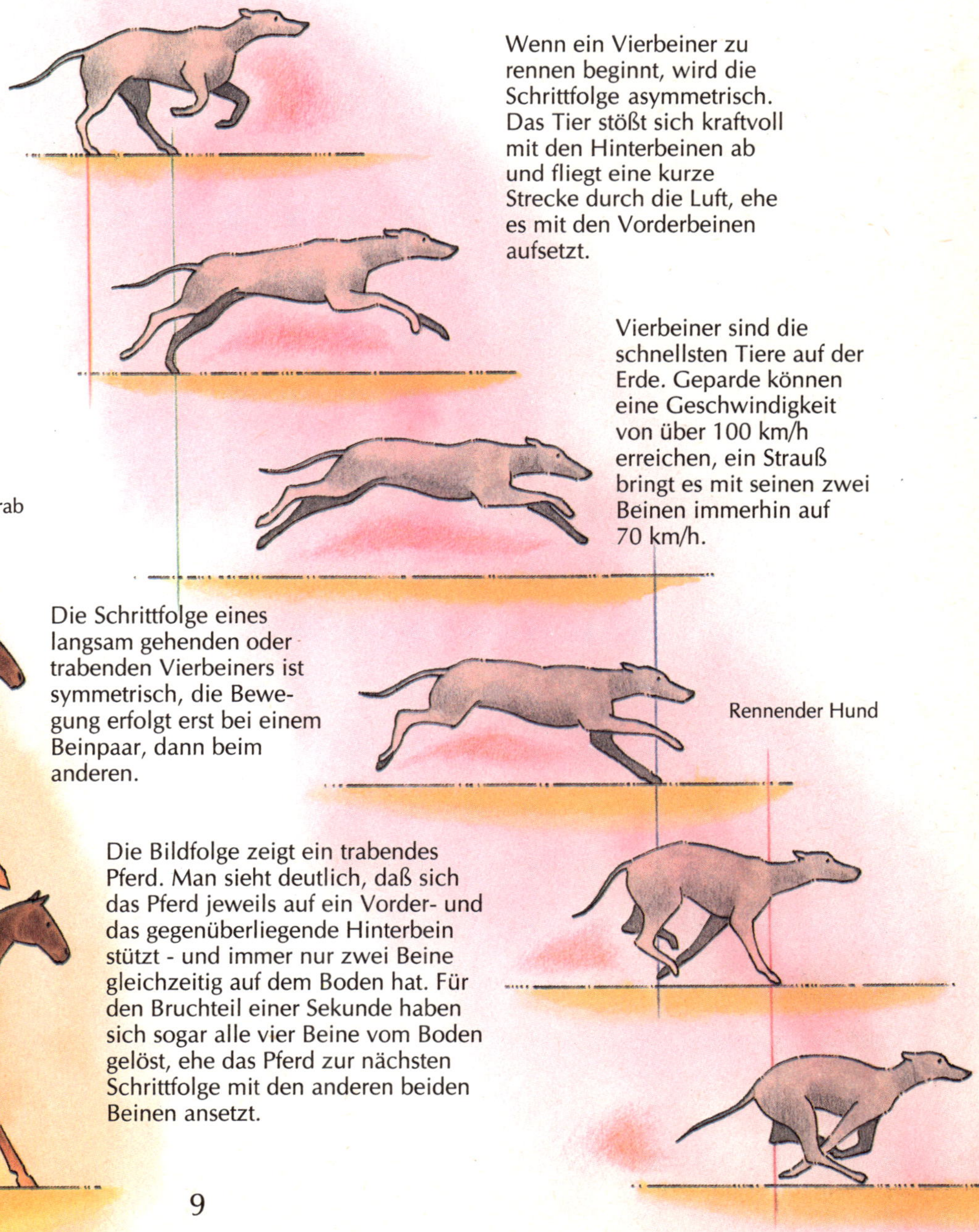

Wenn ein Vierbeiner zu rennen beginnt, wird die Schrittfolge asymmetrisch. Das Tier stößt sich kraftvoll mit den Hinterbeinen ab und fliegt eine kurze Strecke durch die Luft, ehe es mit den Vorderbeinen aufsetzt.

Vierbeiner sind die schnellsten Tiere auf der Erde. Geparde können eine Geschwindigkeit von über 100 km/h erreichen, ein Strauß bringt es mit seinen zwei Beinen immerhin auf 70 km/h.

Die Schrittfolge eines langsam gehenden oder trabenden Vierbeiners ist symmetrisch, die Bewegung erfolgt erst bei einem Beinpaar, dann beim anderen.

Die Bildfolge zeigt ein trabendes Pferd. Man sieht deutlich, daß sich das Pferd jeweils auf ein Vorder- und das gegenüberliegende Hinterbein stützt - und immer nur zwei Beine gleichzeitig auf dem Boden hat. Für den Bruchteil einer Sekunde haben sich sogar alle vier Beine vom Boden gelöst, ehe das Pferd zur nächsten Schrittfolge mit den anderen beiden Beinen ansetzt.

Das Hufeisen bekommt auf dem Amboß seine Form.

Das Pferd wird beschlagen.

Wir tragen Schuhwerk, um unsere Füße zu schützen und beim Gehen mehr Sicherheit zu haben. Aus dem gleichen Grund haben Pferde Hufeisen: Die Hufe werden geschützt, und das Pferd bekommt einen besseren Halt auf dem Boden. Man kennt Hufeisen zwar schon seit uralten Zeiten, aber sie werden erst seit relativ kurzer Zeit auch wirklich überall verwendet.

Der Hufschmied stellt die Hufeisen her und beschlägt damit die Pferde.

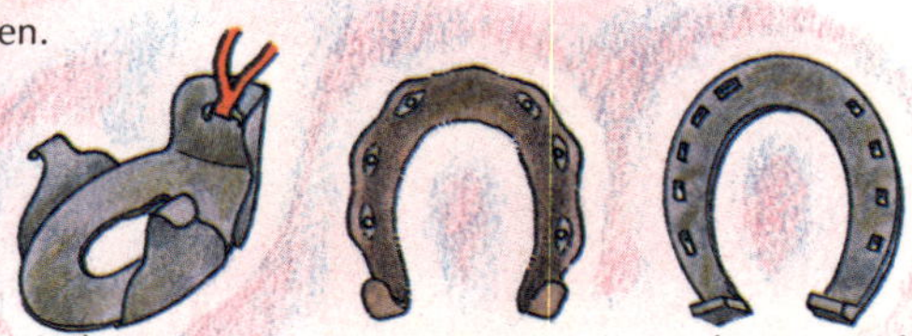

Römischer Pferdeschuh

Mittelalterliches Hufeisen

Hufeisen aus dem 16. Jahrhundert

Körperbau des Pferdes

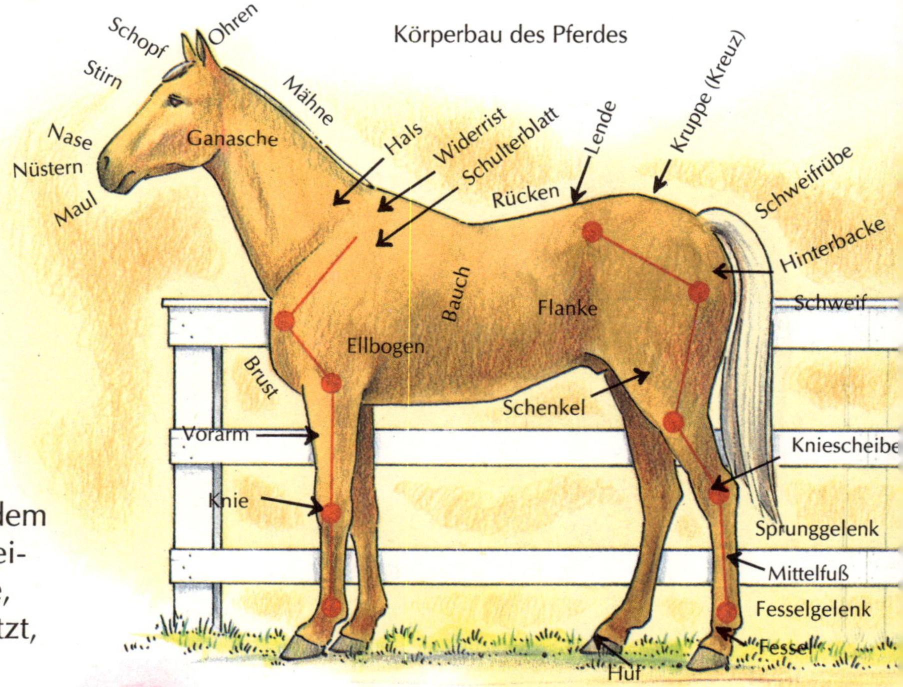

Pferde als Zugtiere

Pferde waren nicht die ersten Hilfen, die der Mensch neben dem Segel auf Schiffen oder dem Mühlrad an Bächen und Flüssen für sich arbeiten ließ. Davor hat er schon Hunde, Rentiere, Kamele oder Ochsen als Arbeitstiere eingesetzt, um Schlitten, Karren oder Pflüge ziehen zu lassen.

Aber die Pferde waren über Jahrhunderte hinweg die wichtigsten, in aller Welt hoch geschätzten »Antriebe« für alle möglichen Transportmittel. Erst vor wenig mehr als 150 Jahren begannen die »eisernen Pferde«, wie man die ersten Lokomotiven nannte, und vor rund 100 Jahren dann das Auto mit seinen mehrfachen »Pferdestärken« (als PS abgekürzt) das Pferd von der Straße zu verdrängen. Heute hält man Pferde vor allem als Reittiere; sie werden nur noch selten vor eine Kutsche und fast nie mehr vor den Pflug gespannt.

Das Rad ist eine der ersten und zugleich nützlichsten Erfindungen des Menschen. Wahrscheinlich ist es von einem rollenden Baumstamm oder einem Stein abgeleitet worden. Es reduziert die Reibung jeder Last, die fortbewegt werden soll, und erleichtert dadurch den Transport schwerster Gegenstände auch über große Entfernungen.

Babylonisches Rad

Altes griechisches Rad

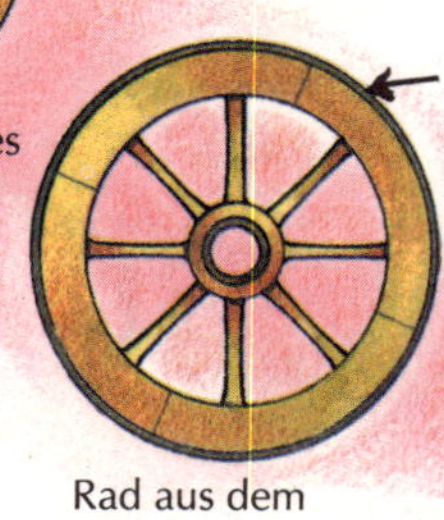

Rad aus dem Mittelalter

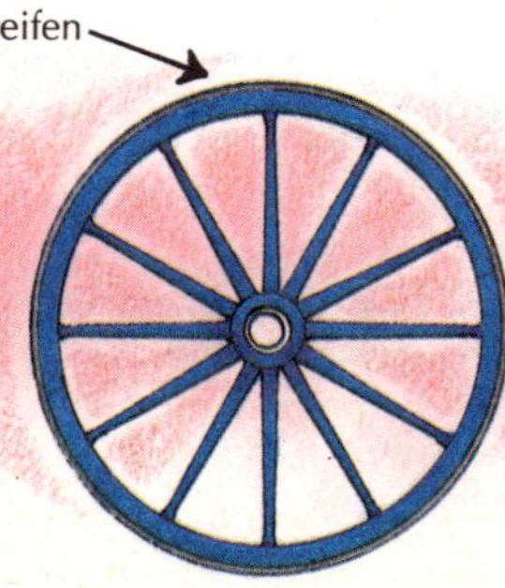

Rad aus dem 18. Jahrhundert

Im Altertum bestand das Geschirr lediglich aus einem Gurt, der um den Hals des Pferdes gelegt wurde. Je schwerer die Last war, desto weniger Luft bekam allerdings das Pferd.

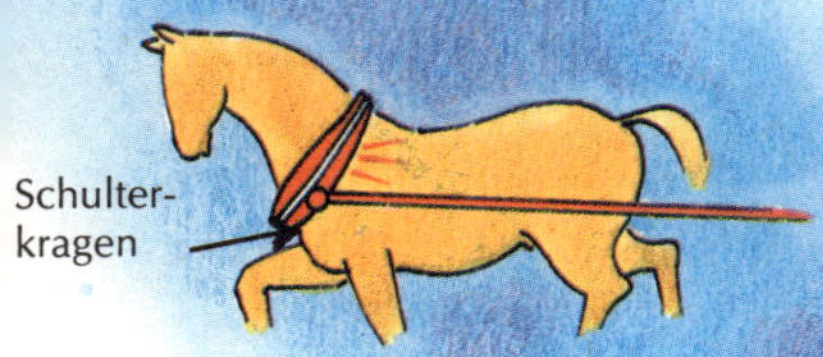

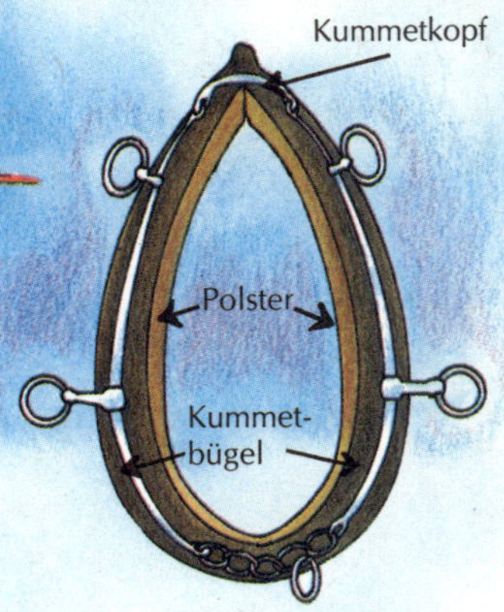

Modernes Kummet

Das moderne Geschirr wurde etwa um 800 n. Chr. von Asien nach Europa eingeführt. Da es um die Schultern des Pferdes gelegt wird, belastet es Atmung und Kreislauf nicht. Das Pferd kann sich buchstäblich »voll ins Geschirr legen«.

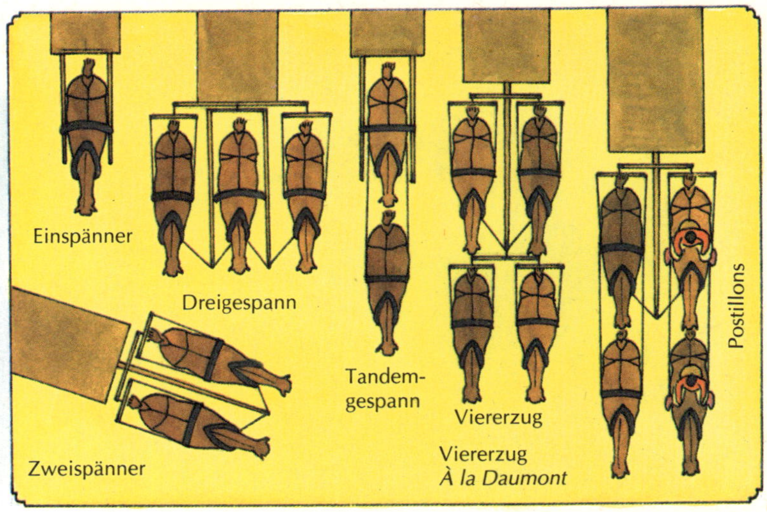

Im Laufe der Jahrhunderte wurden unterschiedliche Formen des Geschirrs entwickelt. Je nach Wagentyp, Straßenbreite oder gewünschter Geschwindigkeit konnten damit ein oder mehrere Pferde eingespannt werden.

Nicht nur unterschiedliche Geschirre sind entwickelt worden, auch für den Sattel hat man verschiedene Formen gefunden. Am häufigsten wird heute der leichte »englische Sattel« benutzt. Der in Amerika gebräuchliche »Western-Sattel« zeichnet sich vor allem durch den großen Sattelknopf aus, an dem das Lasso beim Einfangen des Viehs gesichert werden kann.

Die Anfertigung eines Rades verlangt großes handwerkliches Geschick und Feinarbeit. Die Bilder zeigen wichtige Arbeitsschritte.

Pferdewagen und Kutschen

Italienische Kutsche, 16. Jahrhundert

Die Abbildung zeigt einen typischen Pferdewagen aus der Zeit der Renaissance. Er ist ganz aus Holz gebaut und weist keinerlei Federung auf - man kann sich die Reisestrapazen vorstellen. Über lange Zeit hatten die Pferdefuhrwerke starre Vorderräder, was das Lenken sehr schwierig machte. Dieser Wagentyp besaß auch keine Wände und Fenster und war deshalb nur bei schönem Wetter bequem.

Die *Vinaigrette* war ein zweirädriger, von einem kräftigen Mann gezogener Karren für den Stadtverkehr und hatte Platz für eine Person.

Vinaigrette, Frankreich 18. Jahrhundert

Die Sänfte hat eine lange Tradition, am meisten wurde sie aber im 17. und 18. Jahrhundert benutzt. Beim zunehmenden Wagenverkehr in den Städten war sie oft das schnellere Verkehrsmittel.

Das Coupé

Eine Kutsche aus der Mitte des 18. Jahrhunderts.

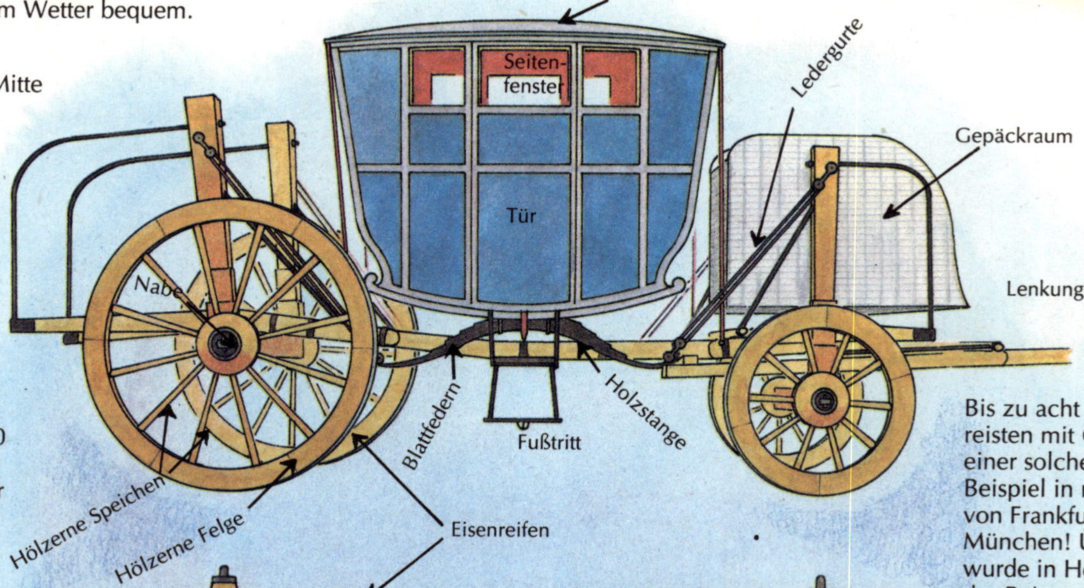

Der hier dargestellte Wagentyp wurde in Frankreich ab etwa 1690 benutzt. In ihm konnten die Passagiere auch über lange Strecken einigermaßen bequem und billig reisen.

Bis zu acht Fahrgäste reisten mit Gepäck in einer solchen Kutsche zum Beispiel in rund fünf Tagen von Frankfurt nach München! Übernachtet wurde in Herbergen an der Reisestrecke.

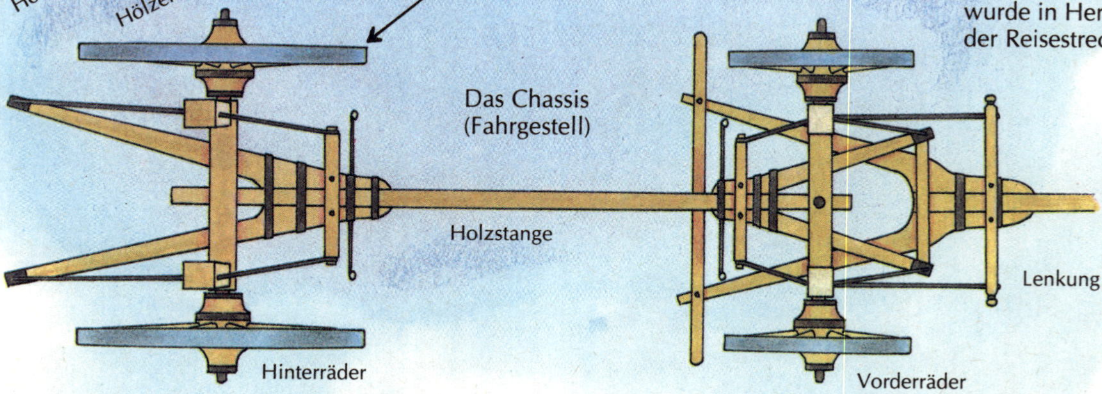

Conestoga-Wagen, Nordamerika
18. Jahrhundert

Der *Conestoga*-Planwagen mit dem unverwechselbaren Verdeck ist benannt nach der Stadt Conestoga im amerikanischen Bundesstaat Pennsylvania, wo er ursprünglich gebaut wurde. Die Siedlerpioniere machten sich mit diesem Wagentyp auf den Weg über die Appalachen im Osten Nordamerikas, über den Mohawk Trail oder andere Straßen, um im »Wilden Westen« ein neues Leben zu beginnen.

Die Postkalesche war ursprünglich nur ein Sitz auf zwei Rädern, vor den man ein Pferd gespannt hatte. Dieses Gefährt setzte man etwa um die Mitte des 17. Jahrhunderts als schnelles und komfortables Verkehrsmittel für Einzelreisende ein. Die Silbe »Post« ist abgeleitet von den »Relais-Posten«, wo die Kutschpferde für die nächste Reisestrecke gegen frische, ausgeruhte Pferde getauscht werden konnten.

Postkalesche mit aufgesessenem Postillon,
Frankreich Mitte 18. Jahrhundert

Landauer-Coupé, Postkutsche,
Schweiz 1850

Kutschwagen sind die Vorläufer der Überlandbusse und der modernen Züge. In vielen Ländern hatte die Post Liniendienste für Reisende, Briefe und Pakete eingerichtet. So gab es eine wichtige Verbindung über die Alpen, die von Luzern in der Schweiz über den St. Gotthard-Pass nonstop in 24 Stunden nach Mailand in Italien führte. Heute fährt man mit dem Auto die gleiche Strecke in wenigen Stunden.

Pferdegezogene Fahrzeuge wurden in vielen verschiedenen Ausführungen gebaut, je nach ihrem Zweck. Unten sind einige klassische Modelle abgebildet

Hebel, Keile und Getriebe

Wir leben in einer Welt von Maschinen, die uns bei der Arbeit oder bei der Fortbewegung helfen. Maschinen bestehen meist aus beweglichen Teilen, die Energie in kontrollierte Bewegung umsetzen. Diese Teile selbst sind von einfachen mechanischen Vorrichtungen abgeleitet, die bestimmte Arbeiten erledigen. Beispiele sind der Hebel, das Rad, die Achse, der Flaschenzug, der Keil und die schiefe Ebene. Einige dieser Hilfsmittel sind hier zu sehen.

Man unterscheidet einarmige und zweiarmige Hebel.

Bei zweiarmigen Hebeln wirken Last und Kraft auf je einen Hebelarm ein. Typisches Beispiel dafür ist eine Wippe.

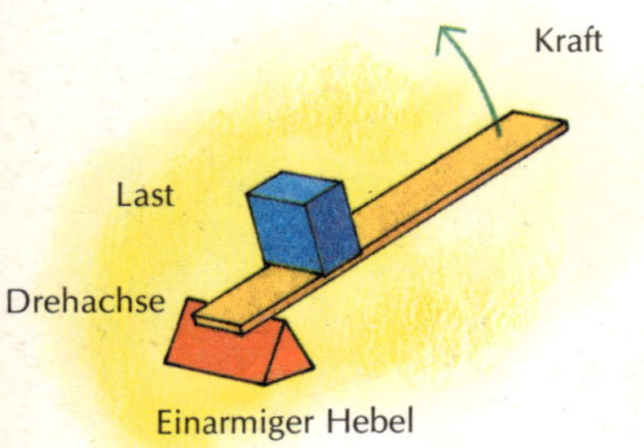

Bei einem einarmigen Hebel befindet sich die Last zwischen der Drehachse und der Kraft. Eine Schubkarre ist ein typisches Beispiel für den einarmigen Hebel.

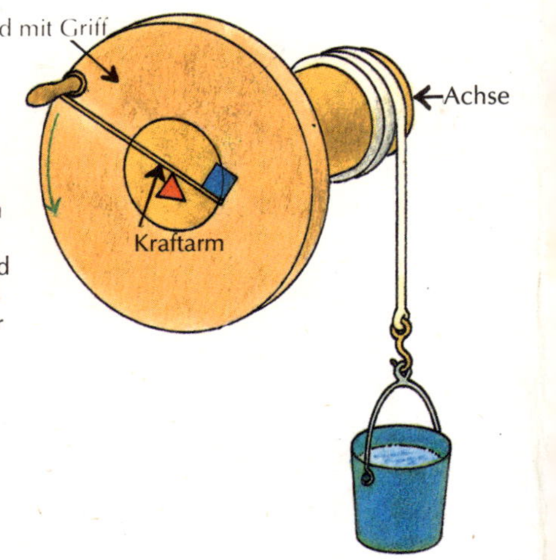

Diese Seilwinde funktioniert nach dem Prinzip des zweiarmigen Hebels. Der Lastarm entspricht dem Radius der Achse, der Kraftarm ist der Abstand zwischen Zentrum und Handgriff. Je länger der Kraftarm im Vergleich zum Lastarm ist, desto leichter kann die Last gehoben werden.

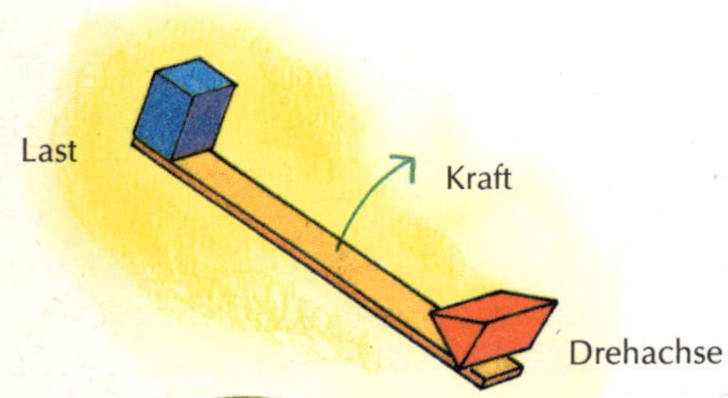

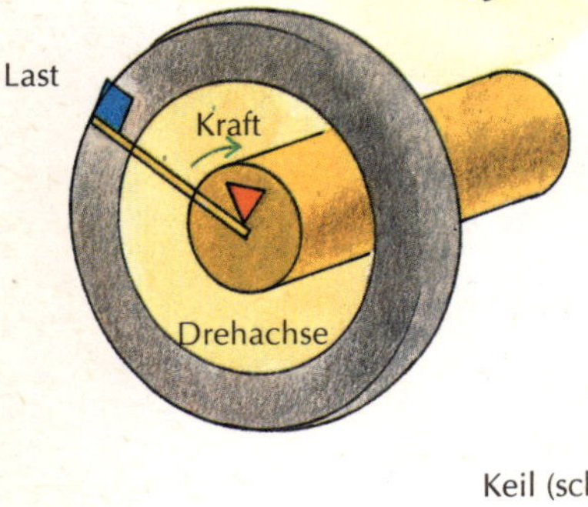

Eine besondere Art der Hebelwirkung ist links dargestellt: Last und Drehachse befinden sich je an einem Ende des Hebels, die Kraft wirkt zwischen beiden auf den Hebel ein. Sie muß besonders groß sein, um die Last zu bewegen. Beispiele dafür sind die Antriebsachse und -räder eines Autos.

Einen Keil kann man als eine ganz einfache Maschine bezeichnen, die eine von oben einwirkende Kraft seitlich umsetzt. Beile und Äxte sind keilförmig geformt, Nagelspitzen können wie Keile Holz spalten. Das Gewinde von Schrauben ist ein um den zylinderförmigen Schaft gewundener Keil. Eine schiefe Ebene würde man sicher nicht als Maschine bezeichnen, aber Last und Kraft stehen hier wie beim Keil in einem direkten Verhältnis.

Jede Maschine nützt und verstärkt eine vorhandene Kraft. Der Wirkungsgrad einer Maschine ist das Verhältnis zwischen eingesetzter Energie und Leistung. Keine Maschine setzt die Energie zu 100 Prozent in Leistung um, ein Teil der Energie wird zum Beispiel durch Reibung zwischen den beweglichen Teilen der Maschine verbraucht. Man erkennt das daran, daß die Maschine heiß wird: Ein Teil der Energie hat sich in Wärme verwandelt.

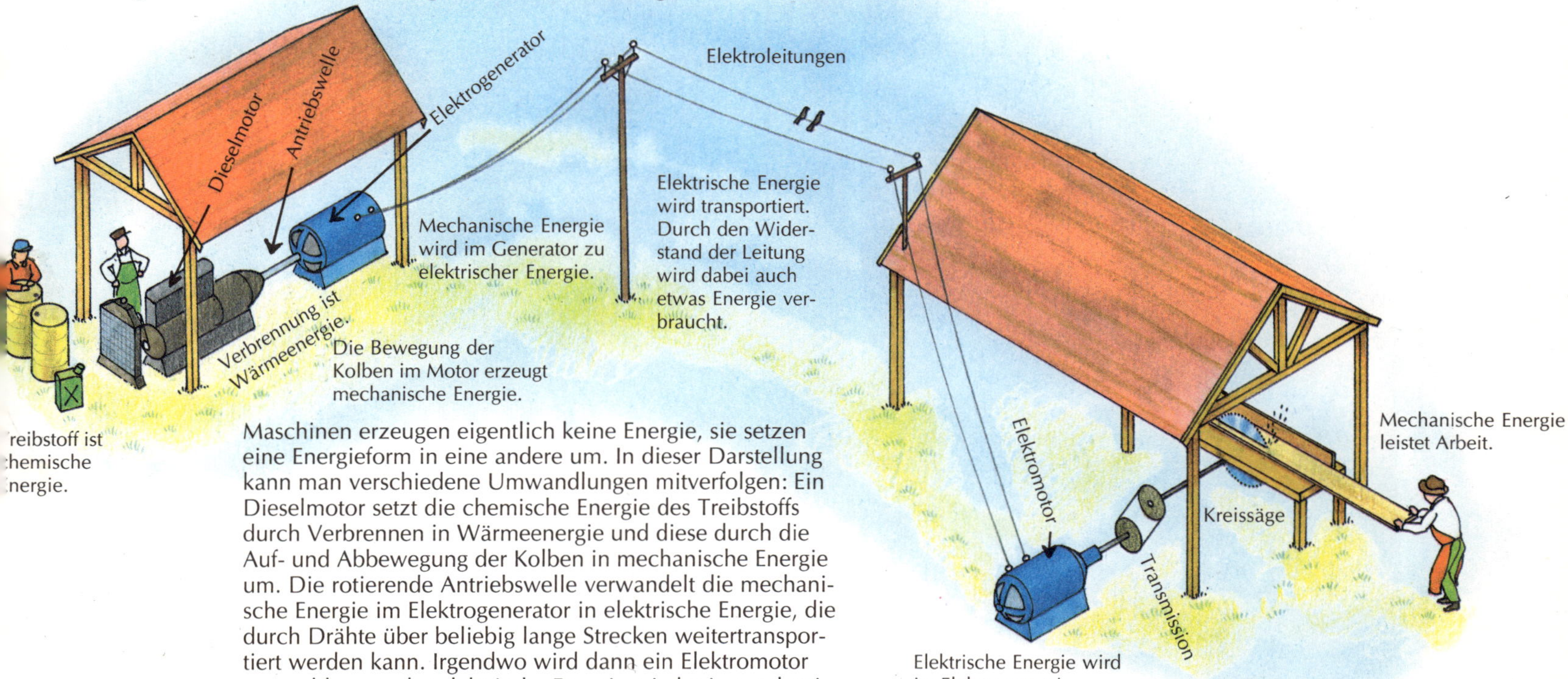

Mechanische Energie wird im Generator zu elektrischer Energie.

Elektrische Energie wird transportiert. Durch den Widerstand der Leitung wird dabei auch etwas Energie verbraucht.

Die Bewegung der Kolben im Motor erzeugt mechanische Energie.

reibstoff ist
hemische
nergie.

Mechanische Energie leistet Arbeit.

Maschinen erzeugen eigentlich keine Energie, sie setzen eine Energieform in eine andere um. In dieser Darstellung kann man verschiedene Umwandlungen mitverfolgen: Ein Dieselmotor setzt die chemische Energie des Treibstoffs durch Verbrennen in Wärmeenergie und diese durch die Auf- und Abbewegung der Kolben in mechanische Energie um. Die rotierende Antriebswelle verwandelt die mechanische Energie im Elektrogenerator in elektrische Energie, die durch Drähte über beliebig lange Strecken weitertransportiert werden kann. Irgendwo wird dann ein Elektromotor angeschlossen, der elektrische Energie wieder in mechanische Energie umsetzt - damit zum Beispiel eine Kreissäge angetrieben werden kann.

Elektrische Energie wird im Elektromotor in mechanische Energie umgewandelt.

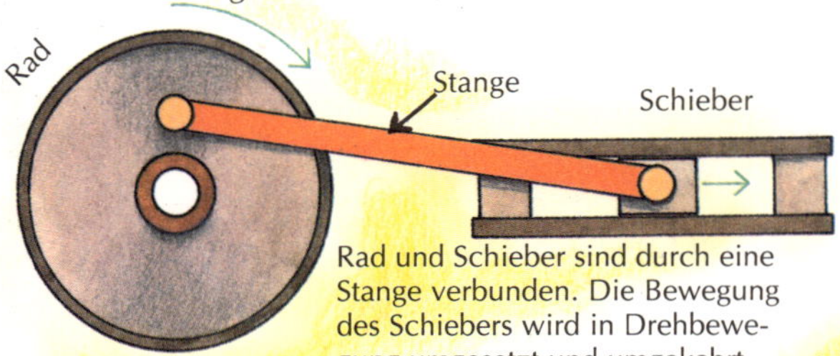

Rad und Schieber sind durch eine Stange verbunden. Die Bewegung des Schiebers wird in Drehbewegung umgesetzt und umgekehrt.

Eine Reibungskupplung überträgt die Rotation einer Antriebswelle auf eine zweite mit Hilfe der Reibung zwischen zwei Scheiben. Die Kraftübertragung kann leicht unterbrochen werden.

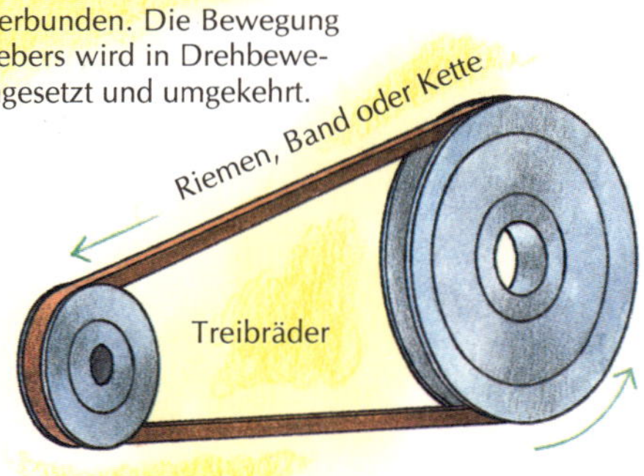

Ketten- oder riemengetriebene Mechanismen übertragen Rotation von einem Platz zu einem anderen. Durch unterschiedlich große Treibräder kann die ursprüngliche Rotationsgeschwindigkeit ergrößert oder verringert werden. Durch Kreuzen des Treibriemens kann das zweite Treibrad in umgekehrter Richtung rotieren.

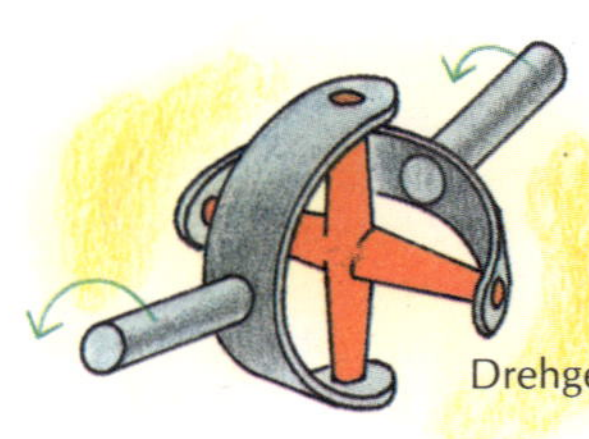

Mit einem Kreuz- oder Kardangelenk kann man eine Drehbewegung in beliebige Richtung übertragen.

Ein Mechanismus ist die einfachste Form einer Maschine, mit dem Bewegung umgesetzt wird. Er kann die Bewegungsrichtung oder -geschwindigkeit verändern, wie das die hier dargestellten Beispiele tun.

Zahnräder werden in vielfältigen Formen und Größen zur Kraftübertragung eingesetzt.

Dieser Mechanismus wandelt Drehbewegung in lineare Bewegung um.

Schnecken- und Kegelräder verändern Richtung und Geschwindigkeit der Umdrehung.

Stirnräder übertragen die Drehbewegung auf eine parallele Achse.

Aufbau eines Fahrrads

Das Fahrrad ist eines der einfachsten und am weitesten verbreiteten Fahrzeuge. Hier werden viele grundlegende physikalische Gesetze ausgenützt, ohne daß es uns beim Radfahren bewußt wird.
Fahrräder gehören zu den ersten mechanischen Fortbewegungsmitteln. Ihre einfache Konstruktion, ihr geringes Gewicht und die meist unkomplizierte Instandhaltung machen sie zu einem leicht handhabbaren Fahrzeug für jedermann.

Was hält ein rollendes Rad im Gleichgewicht? Daß es nicht umfällt, verdankt es der gleichen Kraft, die bei einem Kreisel wirksam werden: der Zentrifugalkraft. Ein schnell rotierendes Rad ist nicht einmal von der Schwerkraft aus seiner Lage zu bringen. Erst wenn sich das Rad langsamer dreht, beginnt es zu torkeln - so wie sich auch ein Kreisel bei schneller Umdrehung senkrecht hält und erst mit nachlassender Rotation wankt und schließlich umfällt.

Das erste Fahrrad wurde von Freiherr Karl Drais von Sauerbronn 1817 konstruiert. Es war ein schweres und vergleichsweise unhandliches Fahrgestell; man mußte sich zur Fortbewegung noch direkt mit den Beinen auf der Straße abstoßen. Dennoch wurde es bald unter dem Namen *Draisine* populär.

Das wichtigste Bauteil der Kettenschaltung an einem modernen Sportrad ist der Kettenumwerfer unterhalb der meist drei, fünf oder sechs Zahnkränze am Hinterrad. Wenn man den Schalthebel betätigt, wird das Parallelogramm des Umwerfers nach außen gezogen oder nach innen gedrückt. Die kleinen Führungsräder am Umwerfer ziehen die Kette mit, die nun vom bisher benutzten Zahnkranz auf einen kleineren oder größeren umgelegt wird. Die kleineren Zahnkränze sind für die schnellen Gänge, die größeren Zahnkränze für die langsameren Gänge. Oft ist auch am Tretlager ein zweites, kleineres Zahnrad montiert, so daß hier ebenfalls zwischen einer kleineren und größeren Übersetzung gewählt werden kann. Das Produkt aus den Zahnrädern am Hinterrad und denen am Tretlager ergibt die Anzahl der Gänge, zum Beispiel hat ein Zehn-Gang-Rad fünf Zahnräder hinten und zwei vorn.

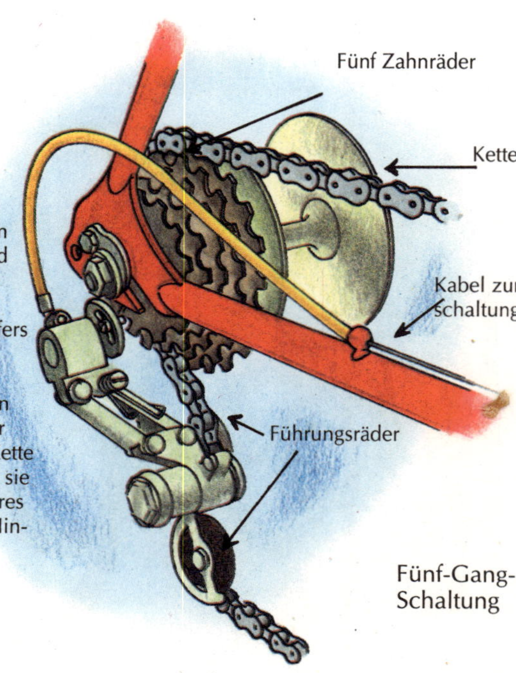

Fünf-Gang-Schaltung

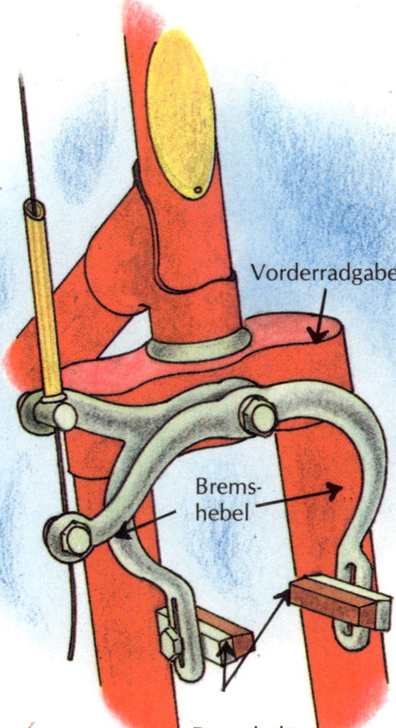

Alle Sporträder und viele Tourenräder sind heute mit Felgenbremsen ausgestattet. Zwischen den Bremsgriffen am Lenker und den Bremsen stellt ein Bowdenzug, ein Drahtseil in einer Schutzhülle, die Verbindung her. Der Zug am Seil preßt die beiden Bremshebel zusammen, die Bremsbeläge drücken gegen die Flanke der Felgen und erzeugen Reibung. Federn öffnen die Bremse wieder, sobald man den Bremsgriff losläßt.

1861 bauten die Franzosen Pierre und Ernest Michaux die ersten Räder mit Tretlager. Der Engländer James Starley trat mit einem kuriosen Fahrrad an die Öffentlichkeit: Das Vorderrad war viel größer als das Hinterrad; mit einer Pedal-Umdrehung konnte also eine besonders große Strecke zurückgelegt werden - allerdings mit erheblichem Kraftaufwand.

1874 entwarf der Engländer H.J. Lawson ein Fahrrad mit zwei gleichgroßen Rädern und einer Kette zwischen Tretlager und Hinterrad. Dieses »Sicherheitsfahrrad« hatte einen niedrigen Schwerpunkt und war daher leichter zu fahren als das Hochrad.

1888 erfand der Engländer John Boyd Dunlop luftgefüllte Reifen, um seinem Sohn das Radfahren leichter zu machen.

Die Fahrradbereifung besteht aus zwei Teilen: dem weichen, luftgefüllten Schlauch und dem festen, strapazierfähigen Mantel.

Das Moped ist ein unkompliziertes, leichtes Fortbewegungsmittel; entstanden ist es als Kombination eines stabilen Fahrrads mit einem Motor.

Klassische Zweiräder

Laufpferd des Herzogs von Sivrac, Frankreich 1791

Der Herzog von Sivrac gilt als der Erfinder des 1791 zum ersten Mal vorgestellten »Laufpferds«, dessen »Reiter« sich mit den Füßen vom Boden abstoßen mußte.

Nicéphore Niepce stellte 1818 diese Variante eines lenkbaren Zweirads vor.

Lenkbares Vorderrad

Niepces Zweirad, Frankreich 1818

Die *Draisine* des Freiherrn Karl Drais von Sauerbronn, Deutschland 1817

Lenkbares Vorderrad

Freiherr Karl Drais von Sauerbronn ließ 1817 seine lenkbare *Draisine* patentieren, 1818 führte er sein Fahrzeug in Paris einem äußerst skeptischen Publikum vor. Heute wird er dagegen als »Vater des Fahrrads« angesehen.

In der zweiten Hälfte des 19. Jahrhunderts wurden zahlreiche Varianten des Zweirads entworfen und gebaut. Darunter das zwischen 1879 und 1881 patentierte *Dicycle* des Engländers E.C.T. Otto. Steuern konnte man es durch Verlängern bzw. Verkürzen eines Treibriemens. Dadurch drehten sich die parallel angeordneten Räder unterschiedlich schnell.

Ottos *Dicycle*, Großbritannien 1880

Treib- und Lenkriemen

Aufbau eines Motorrads
(Als Beispiel dient hier eine italienische *Aermacchi 350 cm³ Ala-blu*)

Leichtmotorisierte Roller und Mopeds sind in aller Welt beliebt.

Motorroller

Motor

Mofa

Auspuff

1885 baute der Deutsche Gottlieb Daimler ein motorisiertes Fahrrad, das er *Reitwagen* nannte. Es ist ein Vorläufer des Motorrads.

Gottlieb Daimler und sein *Reitwagen*, Deutschland 1885

Michaux' motorgetriebenes *Veloziped*, Frankreich 1869

Die Franzosen Pierre und Ernest Michaux kombinierten als erste, nämlich schon 1869, ein Fahrrad mit einem leichten Benzinmotor - das erste Motorrad war entstanden.

Das *Hobby-horse* von Patrick Macmillan, Großbritannien 1839

Ein schottischer Schmied, Kirkpatrick Macmillan mit Namen, baute 1839 das erste Fahrrad mit Pedalantrieb: Pendelbewegungen der Pedale werden durch Eisenstäbe auf Hebel am Hinterrad übertragen.

Veloziped von Michaux, Frankreich 1860

Der Kutschenbauer Pierre Michaux und sein Sohn Ernest konstruierten 1861 ein Zweirad mit einer Tretkurbel am Vorderrad als Antrieb. Innerhalb eines Jahres wurden 144 Stück dieser neuen Fahrräder gebaut und verkauft. Die erste Fahrradfabrik war entstanden.

1870 stellte der Engländer James Starley eine Verbesserung des Michaux-Zweirads vor, das er in Lizenz in seinem Land baute: Er vergrößerte das Vorderrad mit dem Pedalantrieb, um höhere Geschwindigkeiten zu ermöglichen.

Starley-Hochrad, Großbritannien 1872

H.J. Lawsons Sicherheits-Fahrrad, Großbritannien 1879

Das Fahrrad des Engländers Harry John Lawson, 1879 vorgestellt, hatte wieder ein etwas kleineres Vorderrad und legte so den Schwerpunkt tiefer. Das machte das Fahren sicherer als auf dem Hochrad: Das »Sicherheitsfahrrad« wurde schnell beliebt. Das Fahrrad war mit einem Kettenantrieb ausgestattet, der weniger Kraft kostete als der Direktantrieb.

Renn-Hochrad, 1884

Hochräder mit teilweise extrem großen Vorderrädern - ihr Durchmesser wurde nur durch die Beinlänge des Fahrers begrenzt - blieben trotz des Sicherheits-Fahrrads bei sportlichen jungen Leuten beliebt. Man fuhr damit sogar Rennen.

Dunlops Luftbereifung auf einem Sicherheits-Fahrrad, Großbritannien 1888

Der Schotte John Boyd Dunlop wollte seinem Sohn das Radfahren bequemer machen und zog auf die bis dahin üblichen Holzfelgen statt des Stahlrings luftgefüllte Reifen auf. Diese Erfindung der Luftbereifung von Dunlop machte das Rad nicht nur bequemer, sondern auch schneller.

Leichtes Rennrad ohne Bremsen und ein fünfsitziges Trainingsfahrrad, Ende des 19. Jahrhunderts

Radrennen, entweder auf den Straßen oder in speziellen Hallen mit ovalen Bahnen, wurden schnell populär. Eine Trainingsmethode von Spitzensportlern auf leichten Rennrädern bestand in der Verfolgung eines mehrsitzigen Trainingsfahrrads.

1962 gab es eine wichtige Weiterentwicklung im Fahrrad-Design: Der Engländer Alexander Moulton baute ein leichtes und besonders handliches Stadtrad, mit Federungen für Vorder- und Hinterrad und besonders tiefem Schwerpunkt.

Moulton-Fahrrad, Großbritannien 1962

Dampfkraft

Du hast in der Küche sicher schon einmal beobachtet, wie ein lose aufgesetzter Deckel auf dem Wasserkessel klappert, wenn das Wasser zu kochen beginnt. Was du da gesehen hast, war eine ganz einfache Dampfmaschine. Der klappernde Deckel, hochgedrückt von dem sich ausbreitenden Dampf, zeigt uns auf einfachste Weise die Kraft des Dampfes. Richtig angewandt kann Dampf aber auch große Maschinen antreiben, wie zum Beispiel Lokomotiven. Wollen wir doch mal sehen, wie Dampfkraft genutzt werden kann.

Je nach seiner Temperatur kann Wasser fest, flüssig oder gasförmig sein. Ein Teich zum Beispiel friert im Winter zu, während sich an einem heißen Sommertag Dunst über dem Wasserspiegel bilden kann. Dieser Dunst ist nichts anderes als verdampftes Wasser, also Dampf. Wenn Wasser seinen Zustand wechselt, ändert sich auch sein Volumen. Wenn man eine bestimmte Menge Wasser zu Eis gefrieren läßt, wird sich das Volumen nur wenig vergrößern, aber es wird sich auf das 1670fache ausdehnen, wenn das Wasser verdampft. Wird Dampf an der Ausdehnung gehindert, entwickelt er die Kraft, um einen Topfdeckel zu heben - oder um die mächtigen Kolben einer Dampflokomotive in Bewegung zu setzen.

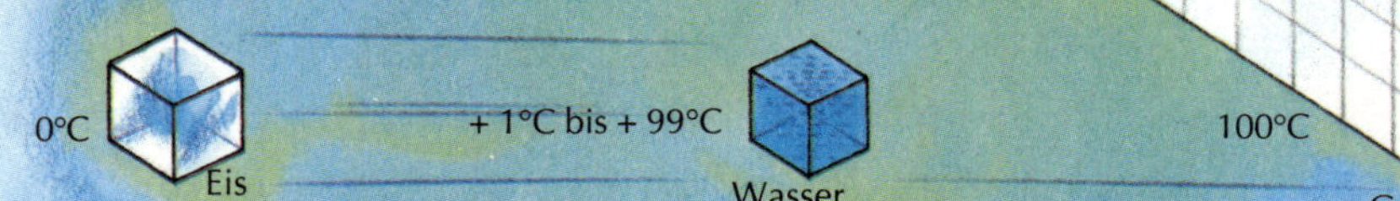

Volumen: 1,11 Kubikzentimeter (cm^3)
Das Beispiel gilt für Normaldruck.

Volumen: 1,0 cm^3

Volumen: 1670 cm^3

Wie jede Maschine erzeugt die Dampfmaschine keine Energie, sondern setzt sie nur um: Wärmeenergie wird in mechanische Bewegung verwandelt. Verbrennt man etwas, kann man über dem Feuer Wasser erhitzen und Dampf erzeugen. Leitet man den Dampf in ein geschlossenes Gefäß, so entsteht Druck. Dieser Druck setzt den Kolben in einem Zylinder in Bewegung. Wenn der Kolben durch geeignete Konstruktion regelmäßig hin- und herbewegt wird, kann dieser Mechanismus sehr viele Arbeiten verrichten und als Antrieb für zahlreiche Geräte eingesetzt werden.

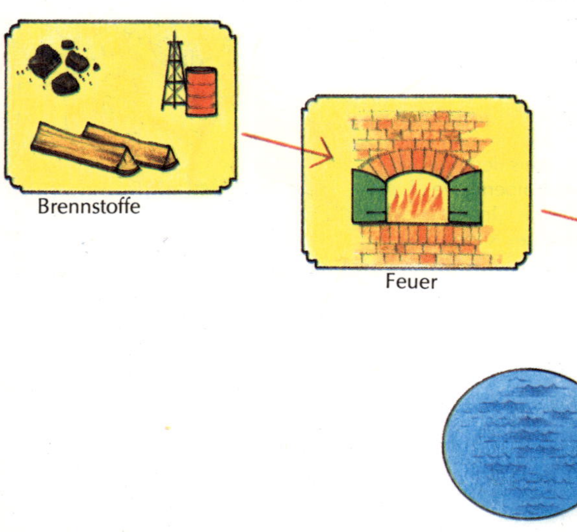

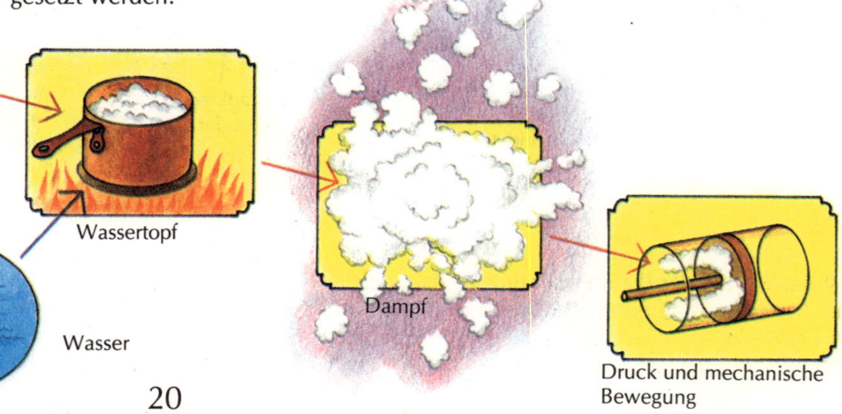

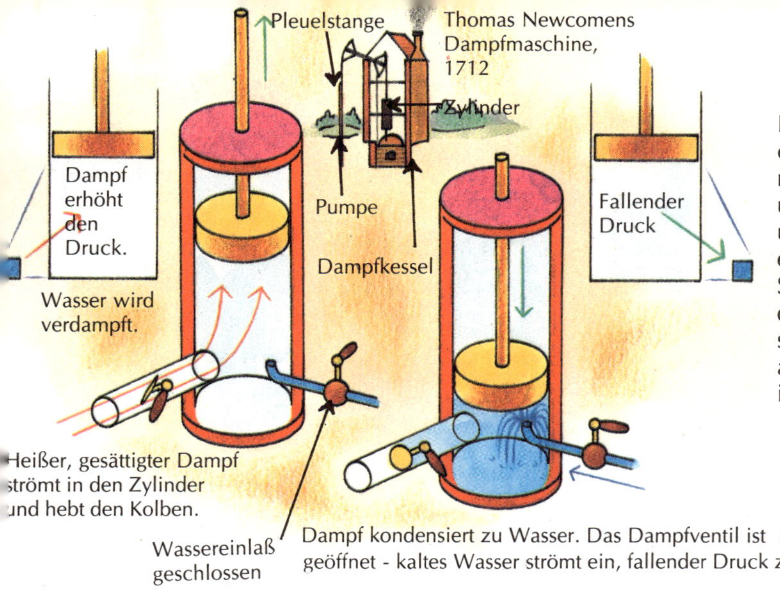

Die erste, von Thomas Newcomen 1712 erfundene Dampfmaschine arbeitete mit Dampf und Wasser, um den Kolben hin- und herzubewegen. Sie hatte einen geringen Wirkungsgrad. Sehr viel effizienter funktionierte die von James Watt 1769 vorgestellte Dampfmaschine, in der ausschließlich Dampf den Kolben im Zylinder bewegt.

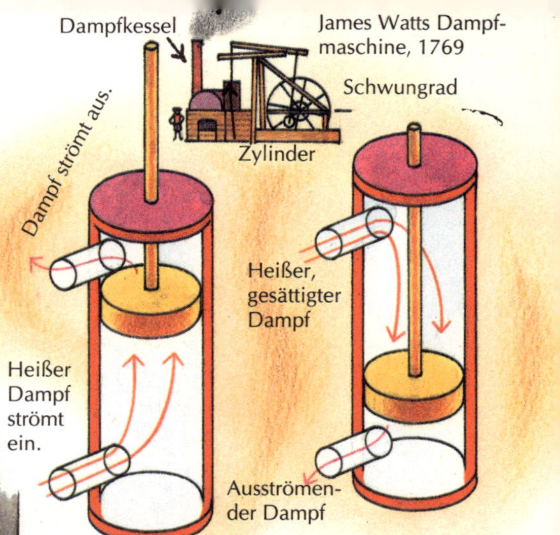

Alle Dampfmaschinen funktionieren nach dem gleichen Prinzip und mit den gleichen Elementen. Ein Feuer erhitzt über einen Wärmetauscher das Wasser. Der entstehende Dampf wird in den bzw. die Zylinder geleitet und treibt den bzw. die Kolben an. Wie das bei einer Dampflokomotive funktioniert, wird dir klar, wenn du den Ziffern bei den Erklärungen folgst.

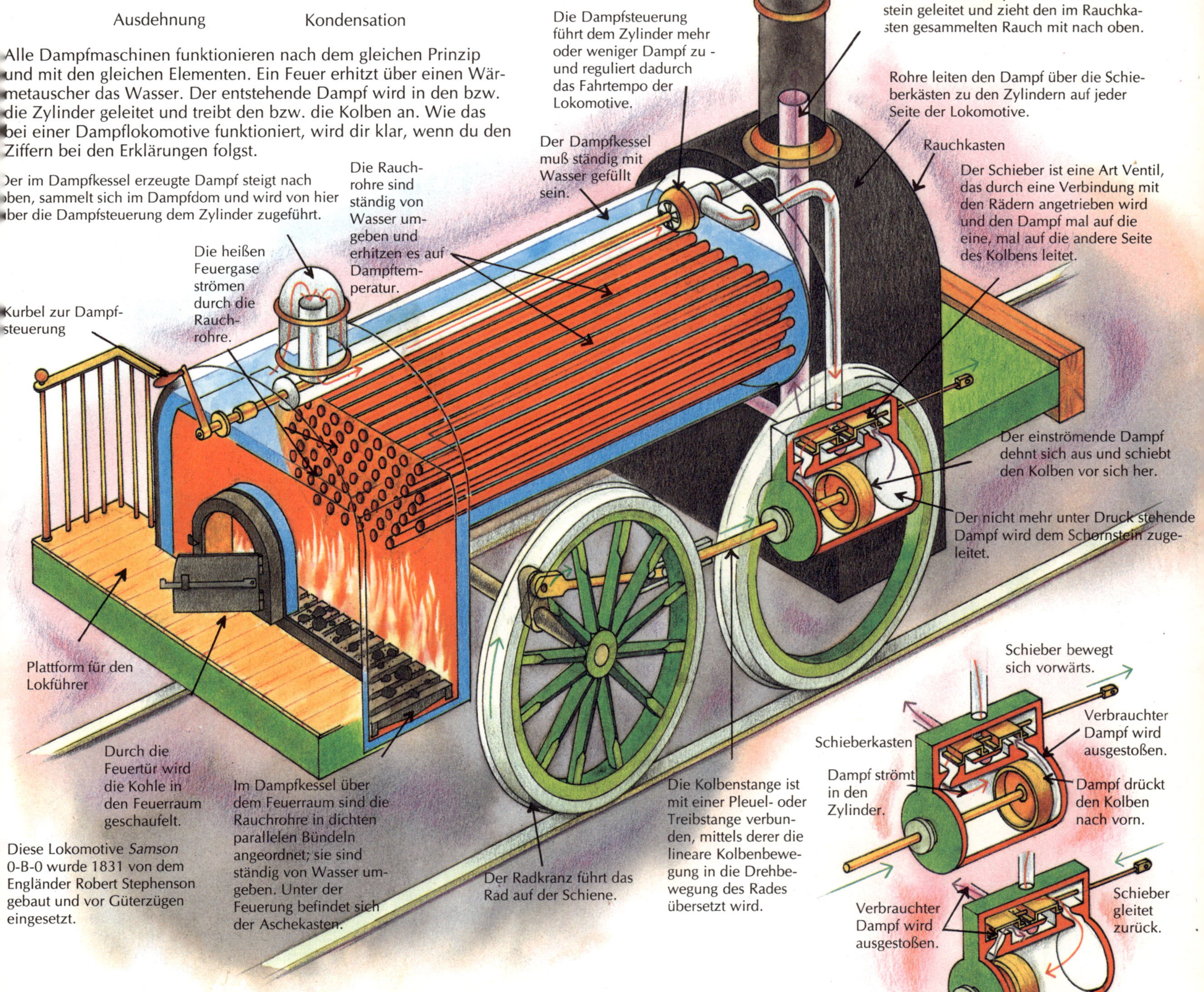

Diese Lokomotive *Samson* 0-B-0 wurde 1831 von dem Engländer Robert Stephenson gebaut und vor Güterzügen eingesetzt.

Der Zylinder ist das Herz jeder Dampfmaschine. Ihm ist der Dampfeintritt vorgeschaltet, in dem ein Schieber die beiden Einlaßöffnungen des Zylinders im Wechsel öffnet und schließt. Der Schieber ist durch eine Schieberstange mit den Rädern der Lokomotive bzw. mit der Kurbelwelle einer Dampfmaschine verbunden und bewegt sich deshalb im gleichen Takt wie der Radantrieb.

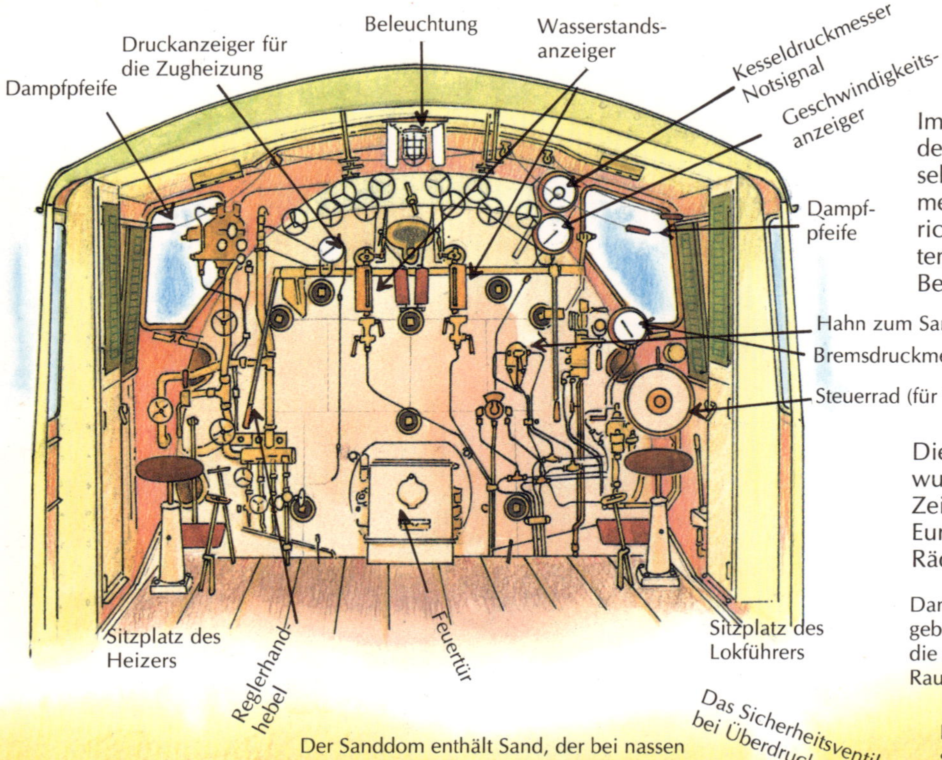

Im Führerstand einer Lokomotive ist eine verwirrende Zahl von Reglern und Kontrollinstrumenten zu sehen: Es verlangt viel Erfahrung und ständige Aufmerksamkeit von Lokführer und Heizer, um sie richtig zu bedienen und ständig im Auge zu behalten. Die wichtigsten Instrumente werden hier am Beispiel einer englischen Lokomotive erklärt.

Die unten abgebildete Dampflokomotive *Baltic* wurde 1911 in Frankreich gebaut und war zu ihrer Zeit eine der größten und schwersten Loks in Europa: Sie wog 102 Tonnen, und die größten Räder hatten einen Durchmesser von 2,04 Metern!

Dampf kann überhitzt werden, um ihm noch mehr Kraft zu geben. Der im Dampfkessel erzeugte Dampf wird noch durch die sogenannten Überhitzer geleitet, die innerhalb einiger Rauchrohre mit großem Durchmesser angeordnet sind.

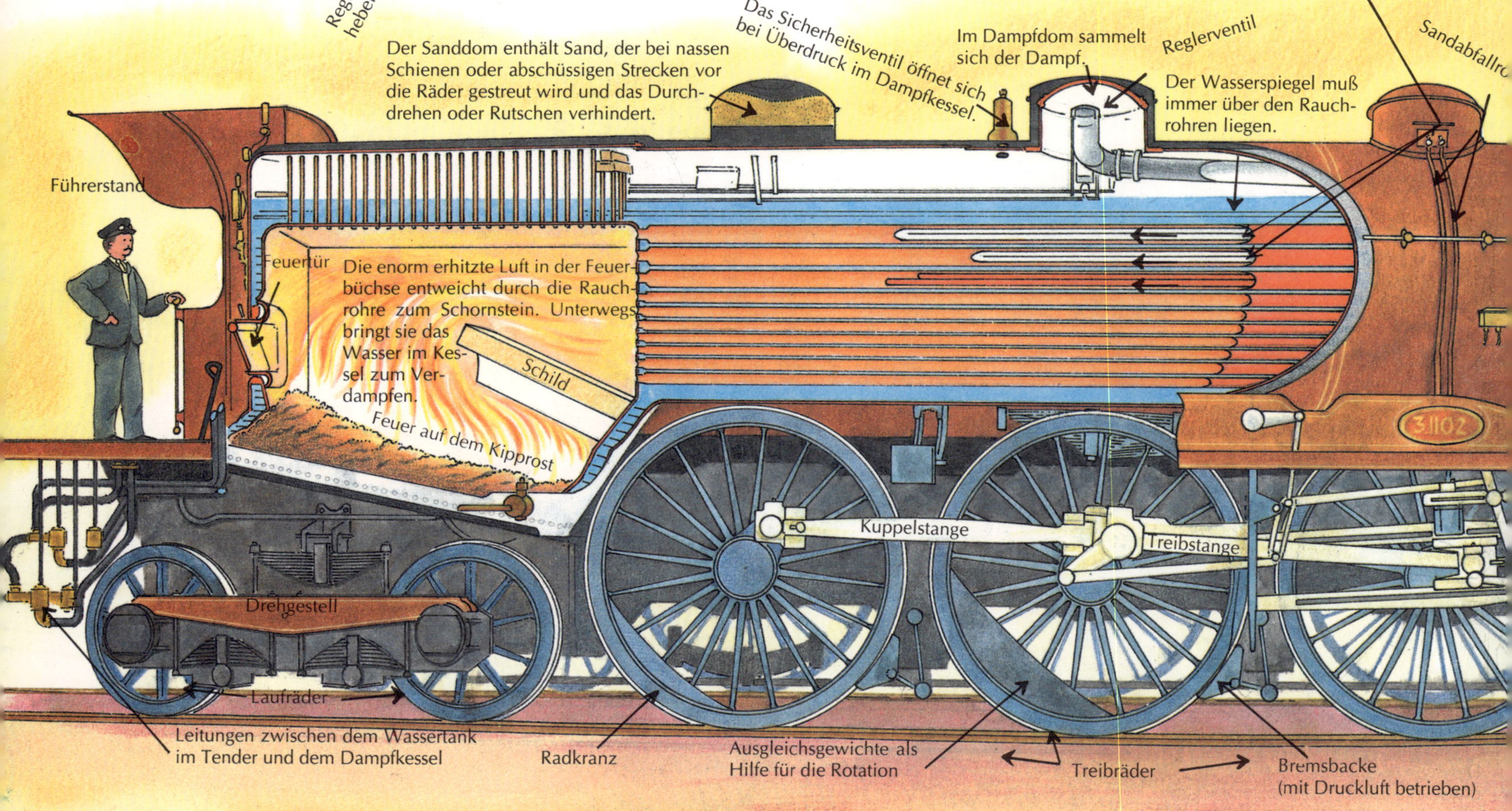

Bei einer Lokomotive unterscheidet man die kleinen Laufräder und die großen Treibräder. Einige klassische Radkombinationen sind rechts zu sehen. Die Zahlen stehen für die Anzahl der Laufradachsen, die Buchstaben für die Anzahl der Treibradachsen (z.B. A=1, B=2, C=3).

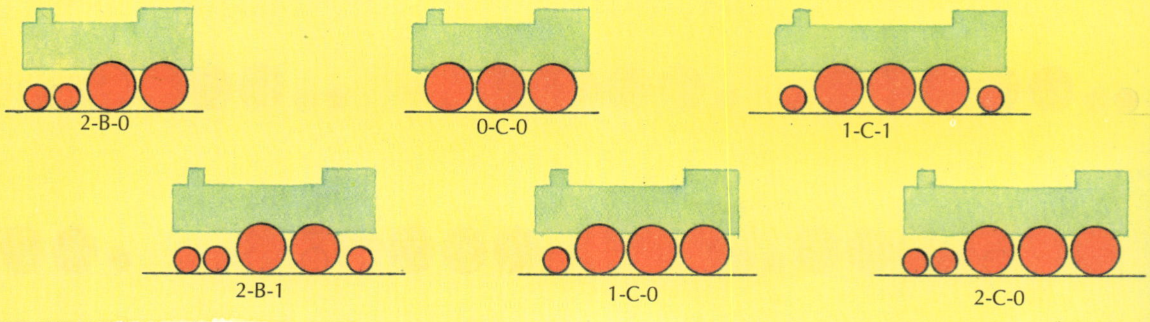

Dampflokomotiven

Dampflokomotiven gehören zu den interessantesten Maschinen: Sie scheinen zu leben, wenn sie fauchen, zischen und Rauch ausstoßen. Auch wenn man sie heute nur noch selten zu sehen bekommt, weil Diesel- und Elektro-Lokomotiven sie abgelöst haben, wird sich kaum jemand ihrer Schönheit und Faszination entziehen können. Sehen wir uns doch eine Dampflok einmal ganz genau an!

In der Dampflokomotive wird Holz, Kohle oder Öl verbrannt, um die nötige Hitze für die Dampferzeugung zu gewinnen. Der Brennstoff und ein ausreichender Wasservorrat muß während der Fahrt mitgeführt werden, und zwar im Tender oder in Wasserkästen an beiden Seiten der Lok. Bei großen Überlandstrecken, zum Beispiel in Amerika, verbrauchten die starken Lokomotiven sehr viel Wasser; deshalb mußte zuweilen nachgetankt werden.

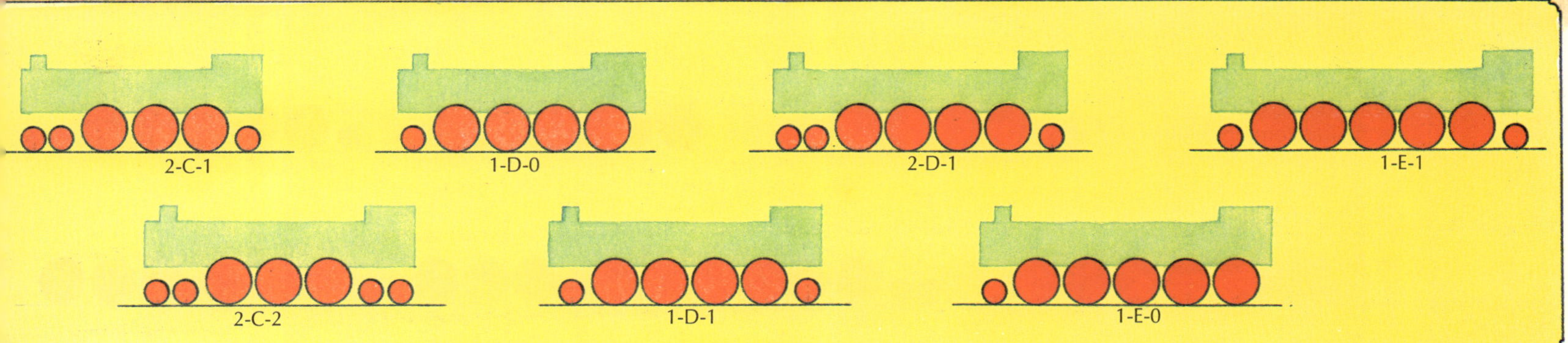

Klassische Eisenbahnzüge

Die erste auf Schienen laufende Lokomotive wurde 1804 von Richard Trevithick in Pen-y-daren in Wales gebaut. Der Zug bestand aus fünf Wagen, die mit 70 Leuten besetzt und mit zehn Tonnen Eisen beladen waren. Für eine Strecke von 14 km brauchte der Zug vier Stunden und fünf Minuten.

Die älteste noch existierende Lokomotive der Welt ist *Puffing Billy*, ausgestellt im Deutschen Museum in München. *Billy* war eine von drei baugleichen Lokomotiven, die in einem Bergwerk eingesetzt wurden. Sie war bis 1864 in Betrieb.

1829 fuhr die von George Stephenson konstruierte Lokomotive *Rocket* die Rekordgeschwindigkeit von 48 km/h. Sie wurde im Linienverkehr zwischen Liverpool und Manchester eingesetzt.

Die typischen amerikanischen Lokomotiven in der 2. Hälfte des vorigen Jahrhunderts wurden mit Holz geheizt.

Diese elegante Schnellzuglokomotive *GNR 1*, von Patrick Stirling gebaut, wurde in 53 Exemplaren hergestellt.

Pferdebahn *Hannibal*, Österreich 1841

Die erste kommerzielle Schienenbahn in Europa wurde 1832 zwischen Budweis und Linz in Österreich eröffnet. Die Wagen wurden allerdings noch von Pferden gezogen.

Die frühen Eisenbahnwagen glichen noch sehr den Pferdekutschen. Im Gegensatz dazu sind heute die Wagen mit Heizung und Klimaanlagen ausgestattet, die das Reisen mit der Bahn zu einer sehr komfortablen Sache machen.

Zum Vergleich ein 2. Klasse-Abteil aus der Mitte des 19. (links) und des 20. Jahrhunderts (rechts)

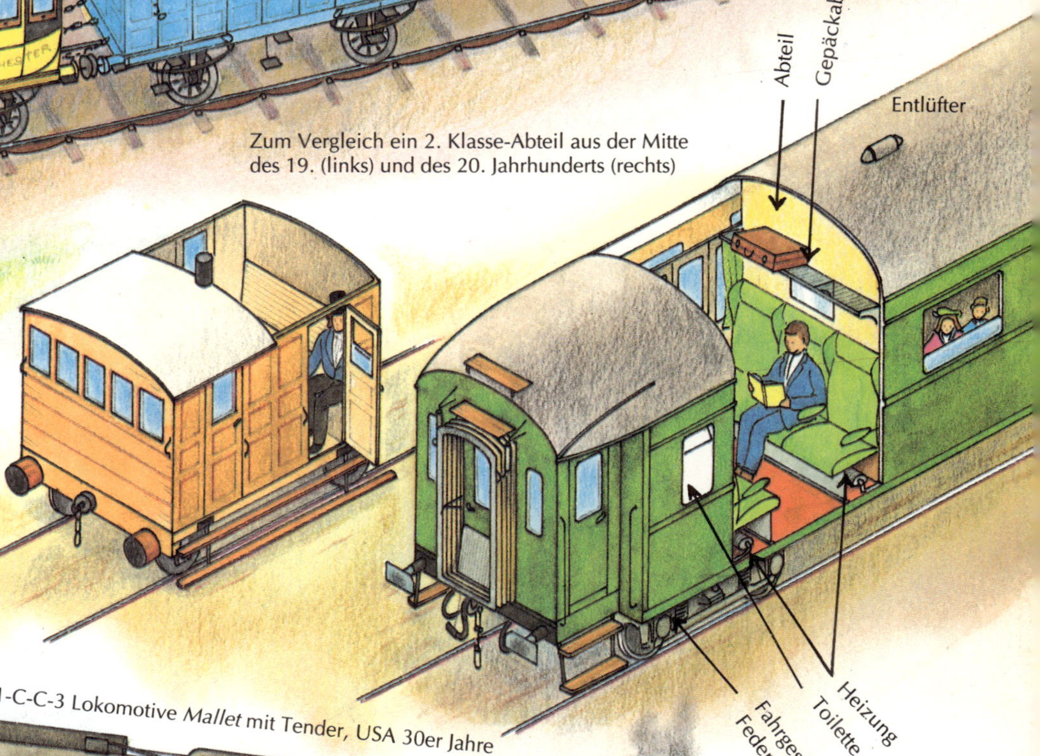

Die unten abgebildete riesige Lokomotive wog 328198 kg und brachte 7000 PS Leistung auf die Schiene. Sie war mit 56 km/h alles andere als schnell, konnte aber besonders lange Züge mit Eisenerz und Kohle über den amerikanischen Kontinent befördern.

1-C-C-3 Lokomotive *Mallet* mit Tender, USA 30er Jahre

1935 wurden in England die ersten stromlinienförmig gebauten Züge, *Silver-Link* genannt, in den Dienst gestellt. Sie fuhren zwischen London und Newcastle und erreichten 145 km/h Spitzengeschwindigkeit.

Silver Fox, Stromlinien-Lokomotive vom Typ *Pacific* der London & North Eastern Railway, Großbritannien 30er Jahre

Magnetismus und Elektrizität

Elektrizität ist unsere vielseitigste, am weitesten verbreitete und stärkste Energie. Obgleich man das Wesen der Elektrizität schon seit einigen Jahrhunderten kennt, ist man auf wirklich praktische Nutzanwendungen erst vor wenig mehr als einem Jahrhundert gekommen. Heute ist sie aus unserem Alltag gar nicht mehr wegzudenken, so viele Geräte und Maschinen nutzen die elektrische Energie. Aber bevor wir uns einige interessante Maschinen anschauen, wollen wir uns mit dem Geheimnis der Elektrizität befassen.

Magnete besitzen eine unsichtbare Kraft, mit der sie metallische Gegenstände anziehen und sogar anheben können. Zwei Stabmagnete können sich aber nicht nur gegenseitig anziehen, sondern auch gegenseitig abstoßen.

Alle Magnete haben zwei Pole, die wir Nord- und Südpol nennen. Ungleiche Pole ziehen sich an, gleiche Pole stoßen sich ab.

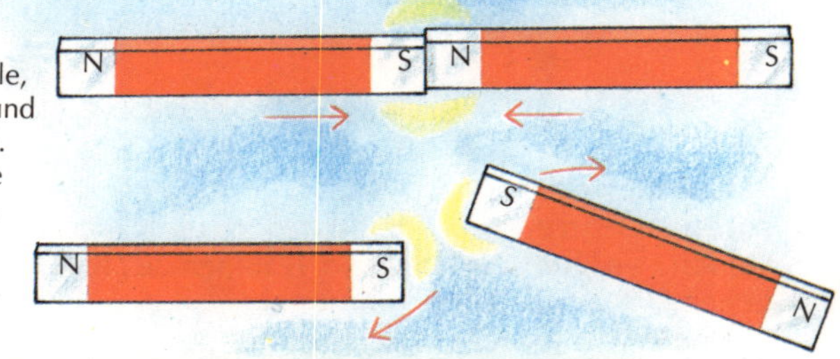

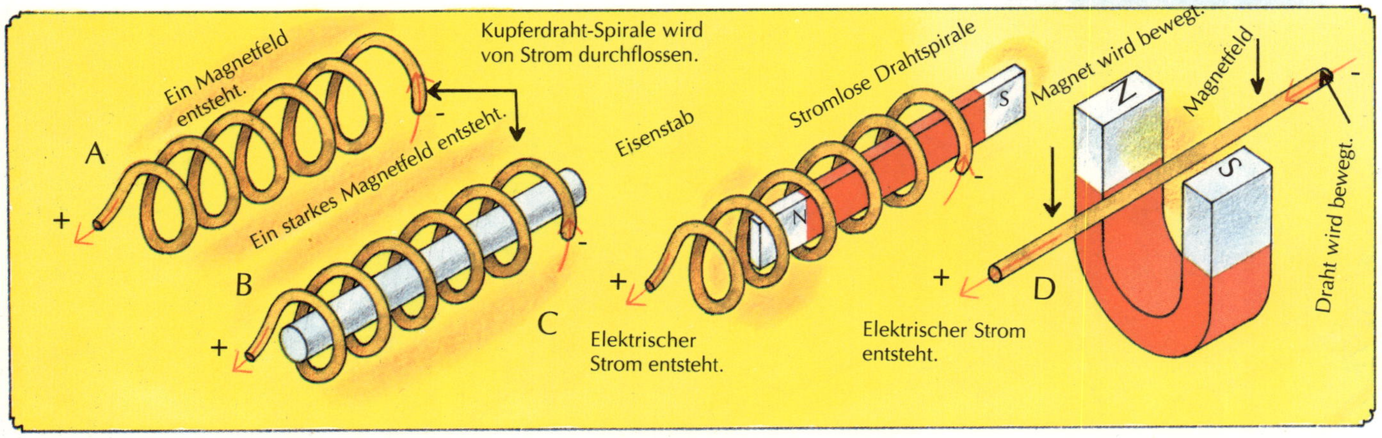

Elektrizität und Magnetismus gehören eng zusammen. In der Abbildung A fließt elektrischer Strom durch eine Drahtspirale - um diesen Draht baut sich ein Magnetfeld auf. Steckt man, wie in Abbildung B dargestellt, einen Eisenstab in die Spirale, wird das Magnetfeld sogar noch verstärkt: Ein Elektromagnet ist entstanden. Man kann auch elektrischen Strom erzeugen, indem in einer stromlosen Drahtspirale (wie in C dargestellt) ein Magnet bewegt wird. Ebenso entsteht Elektrizität, wenn umgekehrt ein Draht in einem Magneten bewegt wird (Abbildung D). Elektrischer Strom wird nur so lange entstehen, wie Draht und Magnet gegeneinander bewegt werden. Man nennt diese Art der Stromerzeugung die elektromagnetische Induktion.

Was ist elektrischer Strom?

Um das zu verstehen, muß man sich vorstellen, was mit den kleinsten Teilchen des Materials, den Atomen, geschieht. Um einen Kern kreisen zahllose kleinere Elektronen. In manchen Materialien, wie Silber, Eisen oder Kupfer, sind die Bahnen der Elektronen nicht sehr stabil: Unter dem Einfluß eines Magneten können die Elektronen aus ihrer Bahn zu einem anderen Atom gezogen werden. Dieser Wechsel der Elektronen von einem Atom zum andern ist elektrischer Strom. Die Materialien, in denen elektrischer Strom fließen kann, nennen wir Leiter.

Vereinfachte Darstellung eines Atoms

In leitenden Materialien kreisen die Elektronen weit entfernt vom Kern.

In nichtleitenden Stoffen kreisen sie eng um den Atomkern herum.

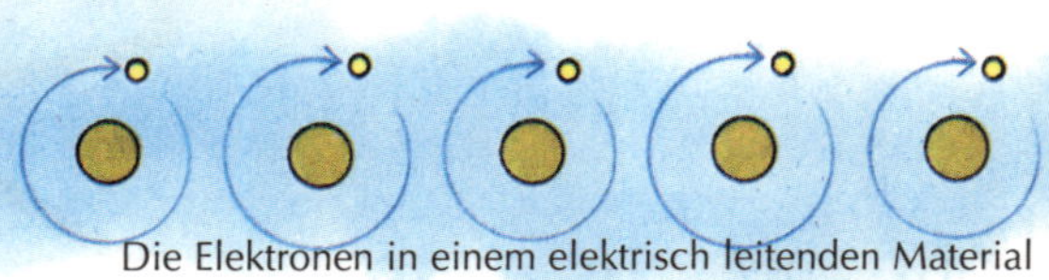

Die Elektronen in einem elektrisch leitenden Material

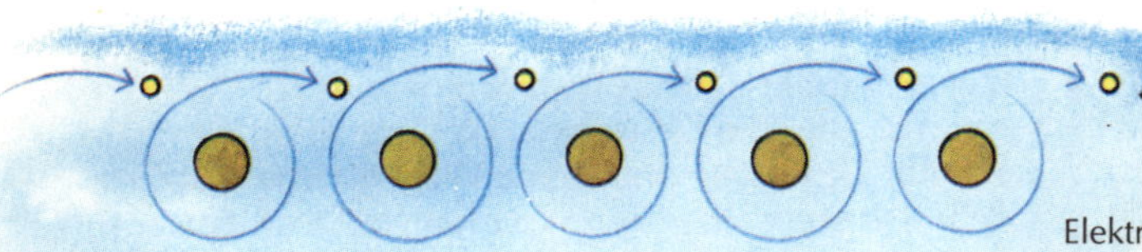

Ein Magnetfeld bringt die Elektronen dazu, zu wandern - nun fließt elektrischer Strom.

Elektrischer Strom entsteht auch durch chemische Prozesse, zum Beispiel in Batterien.

Elektrizität ist eine sehr praktische und nützliche Form von Energie, die wenig Kraft durch Reibung oder Hitze verliert. Sie kann mit Hilfe von Turbinen aus unterschiedlichen Energiequellen gewonnen werden. Meistens treibt fallendes Wasser oder Dampf die Turbine an.

Der erzeugte Strom kann durch Drahtleitungen über weite Entfernungen transportiert werden, ehe er irgendwo eine Maschine antreibt - in der elektrischer Strom dann wieder umgesetzt wird in Rotationsbewegung.

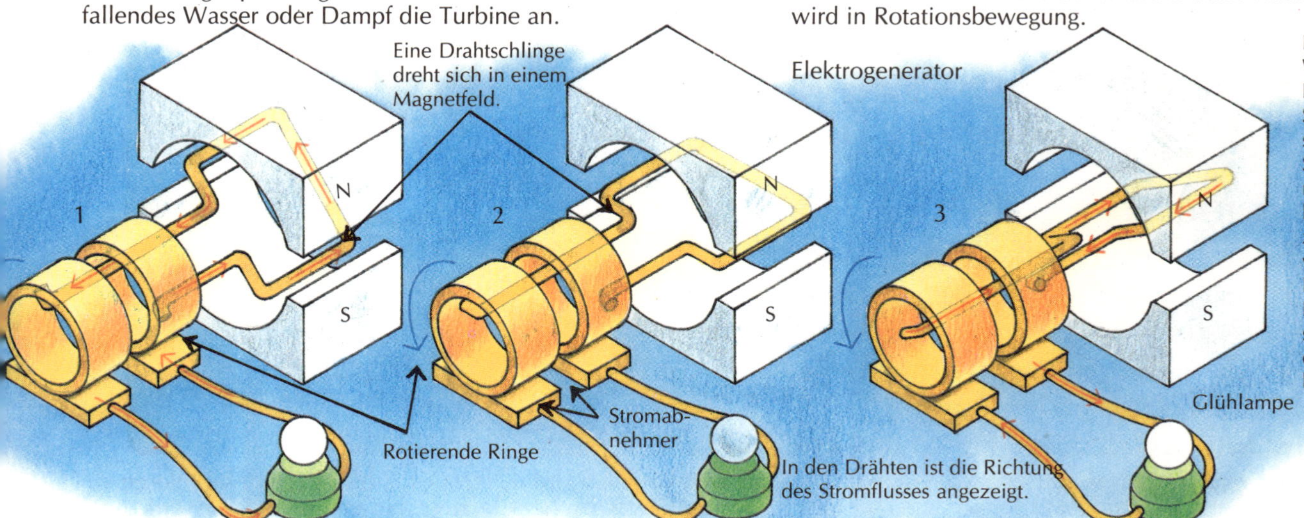

In den Haushalten ist Wechselstrom die übliche Form des elektrischen Stroms. Der Richtungswechsel erfolgt 50mal in der Sekunde; nur mit Spezialvorrichtungen kann man die kurzen stromlosen Momente zwischen den Richtungswechseln sichtbar machen. Die Generatoren in den Kraftwerken weisen viele starke Magnete auf, statt einer Drahtschlinge rotieren hier dicke Drahtspulen.

Die Zeichnungen oben zeigen im Prinzip, wie Wechselstrom in einem Generator erzeugt wird. In einem Magnetfeld liegt eine Drahtschlinge; jedes ihrer Enden ist mit einem Metallring verbunden. Wenn die Metallringe - und damit die Drahtschlinge - durch einen Antrieb von außen (zum Beispiel eine Turbine) in Rotation versetzt werden, entsteht elektrischer Strom. Legt man Kontakte an die Metallringe an, kann man den Strom an eine Glühlampe oder einen Motor weiterleiten. In der Zeichnung 1 schneidet die Drahtschlinge die Kraftlinien des Magnetfeldes, der Strom fließt in eine Richtung. In Zeichnung 2 liegt die Drahtschlinge parallel zu den beiden Magnetpolen, jetzt fließt kein Strom. Beim Weiterdrehen schneidet die Schlinge wieder durch das Magnetfeld - aber nun fließt der entstehende Strom in umgekehrter Richtung.

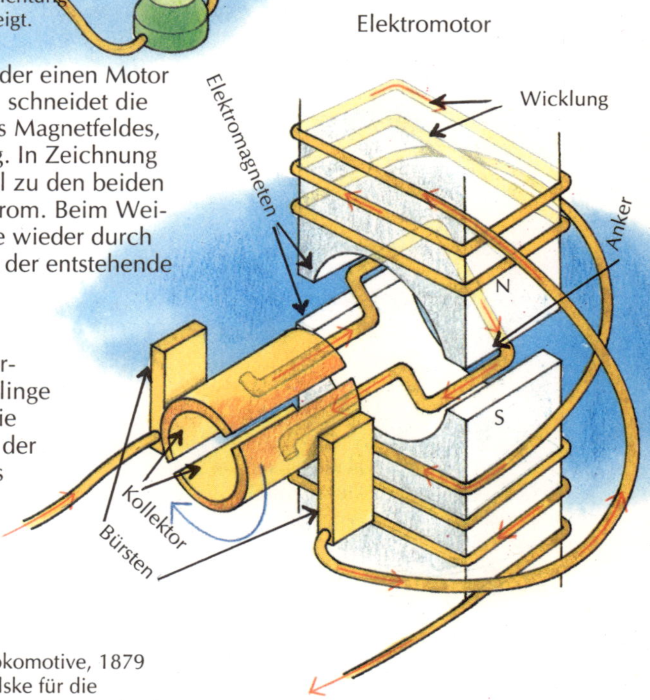

Ein Elektromotor funktioniert wie ein Generator, nur mit umgekehrter Arbeitsweise. Stromabnehmer, die sogenannten Bürsten, übertragen den Strom aus der Leitung einerseits an einen Kollektor, der ihn an den Läufer oder Anker (hier als einfache Drahtschlinge dargestellt) weitergibt, und andererseits an die Drahtwindungen um den Magneten, die sogenannte Wicklung. Der Elektromagnet versetzt den Anker in eine Drehbewegung; der durch eine schmale Spalte unterbrochene Kollektor wechselt ständig die Richtung des Stromflusses - so daß die Drehrichtung des Ankers gleich bleibt. Bei einem richtigen Elektromotor sitzt der Anker auf der Antriebswelle.

Erste elektrische Lokomotive, 1879 von Siemens & Halske für die Berliner Gewerbeausstellung gebaut

Die erste elektrische Lokomotive wurde 1879 als Attraktion für die Gewerbeausstellung in Berlin gebaut. Sie konnte drei kleine Wagen ziehen, auf denen je sechs Personen Platz hatten. Der kleine Zug fuhr auf einem 300 m langen Schienenkreis mit einer Geschwindigkeit von etwa 7 km/h.

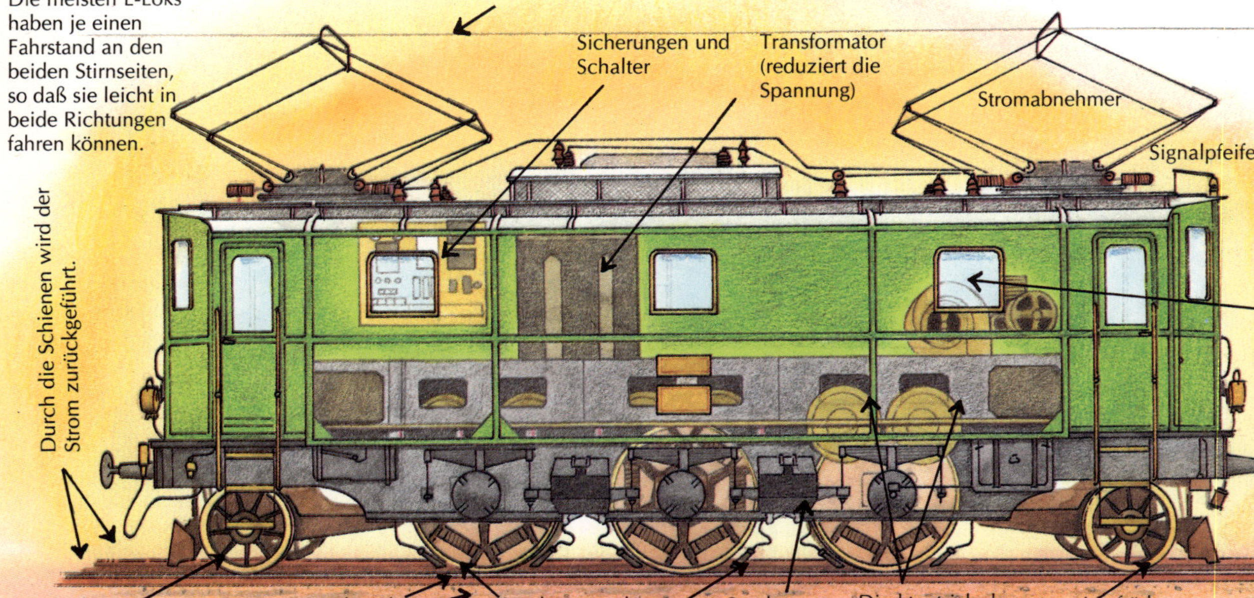

Die erste regelmäßig als Zugantrieb eingesetzte Elektrolok wurde von der amerikanischen General Electric Company gebaut und 1895 in Baltimore in Betrieb genommen. Sie fuhr mit Gleichstrom und wog 96 Tonnen.

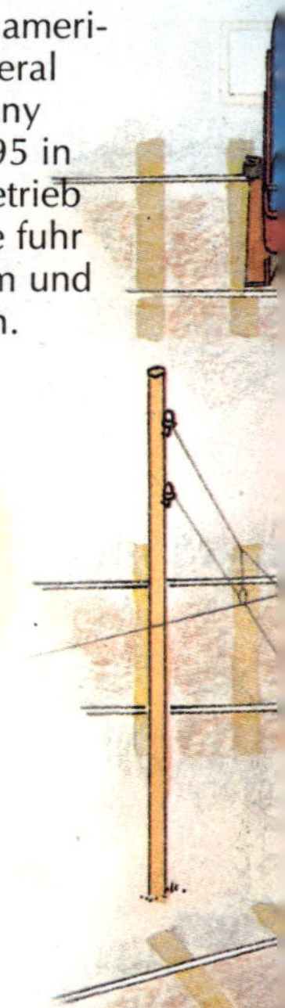

Die rechts abgebildete *Eva* erreichte 60 km/h.

Elektro-Lokomotiven

Die meisten Züge in aller Welt werden heute von Elektro-Lokomotiven gezogen, denn diese arbeiten kraftvoll, sauber und zuverlässig. Ihren Strom nehmen sie entweder von Oberleitungen oder von einer Stromschiene neben den Fahrschienen ab.
Bei dieselelektrischen Lokomotiven dienen Dieselmotoren der Erzeugung von elektrischem Strom, mit dem die Fahrmotoren angetrieben werden.

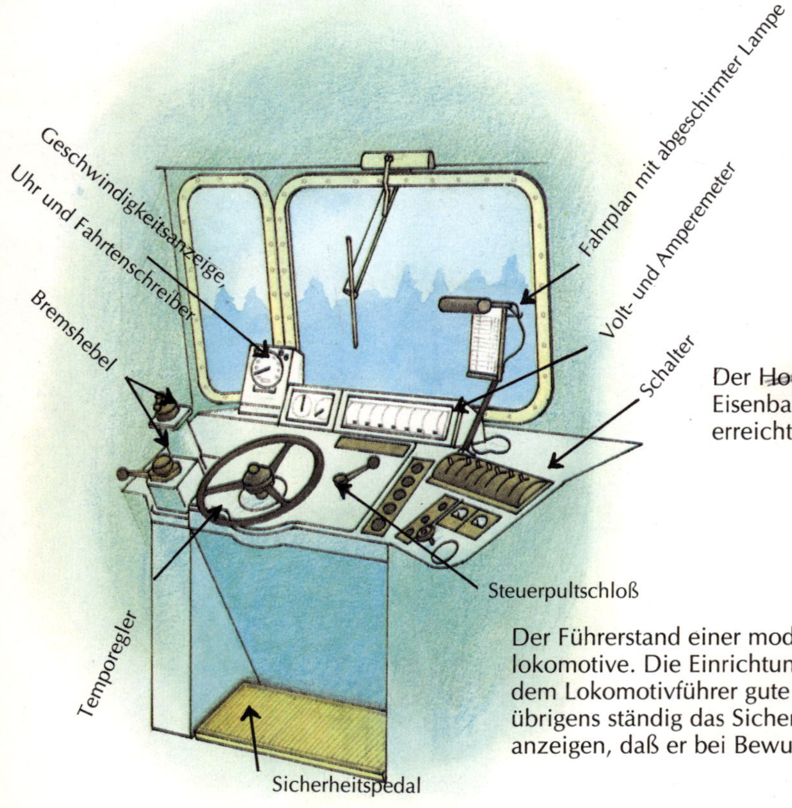

Der Hochgeschwindigkeitszug *TGV (Train à Grande Vitesse)* der französischen Eisenbahn ist seit 1981 in Betrieb und hat das Rekordtempo von 480 km/h erreicht.

Auf der Strecke zwischen Tokio und Osaka in Japan verkehrt seit 1964 der *Tokaido*-Express: Spitzengeschwindigkeit 250 km/h.

Der Führerstand einer modernen E-Lok unterscheidet sich ganz deutlich von dem einer Dampflokomotive. Die Einrichtung ist sauber, einfach und übersichtlich, eine große Frontscheibe gibt dem Lokomotivführer gute Sicht auf die Schienen und die Signale. Der Lokomotivführer muß übrigens ständig das Sicherheitspedal treten bzw. eine Wachsamkeitstaste betätigen und damit anzeigen, daß er bei Bewußtsein ist - andernfalls wird die Lok automatisch abgebremst.

Elektrolokomotive *Nr. 1*, Baltimore & Ohio Railroad, USA 1895

Elektrolokomotive der Burgdorf-Thun-Eisenbahn, Schweiz 1899

Die erste E-Lok für den regulären Fahrbetrieb in Europa, gebaut von Brown, Boveri & Cie. fuhr vor Personenzügen mit einer Geschwindigkeit von 36 km/h, vor Güterzügen mit 18 km/h.

In London wurde 1890 die erste E-Lok für eine Untergrundbahn in Betrieb genommen.

E-Lok *Crompton* und Wagen der Londoner U-Bahn, Großbritannien 1900

Eva, Typ Ce 4/4, der Seebach-Wettingen-Eisenbahn, Schweiz 1904

Güterzug-Lokomotive *Krokodil* Ce 6/8 II, Schweiz 1920

Ein legendäres Modell unter den Lokomotiven der Schweizerischen Bundesbahnen (SBB), betrieben auf der St. Gotthard-Strecke: *Krokodil*, 126 Tonnen schwer und 75 km/h schnell.

TGV, Frankreich 1981

Tokaido-Express, Japan 1964

Im Unterschied zu Dampfloks wird hier die Kennzeichnung durch Großbuchstaben und Zahlen ergänzt: um eine kleine Null (o), wenn die betreffende Achse einen eigenen Antriebsmotor besitzt; um einen Strich (′) für ein Drehgestell.

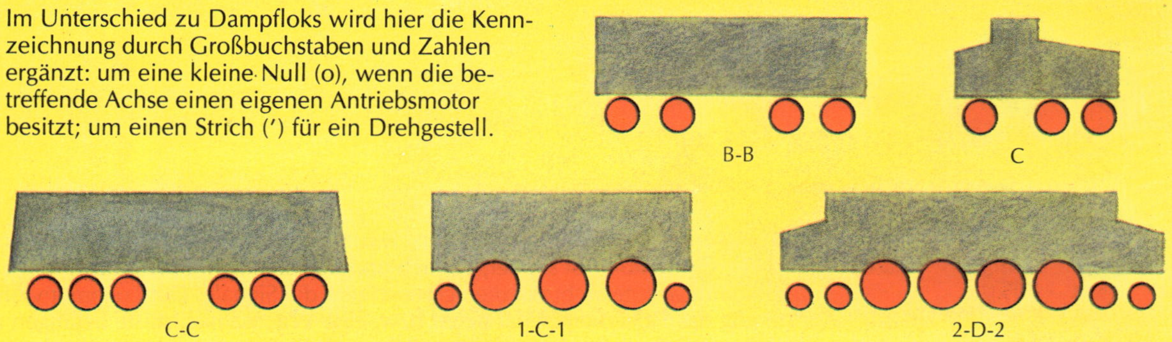

Sicherheit durch Signale

Eine Gleisstrecke wird von vielen Zügen benutzt, oft sogar im Gegenverkehr. Damit es keine Unfälle gibt, ist daher ein ausgeklügeltes Signalsystem erforderlich. Heutzutage funktionieren diese Systeme elektronisch und weitgehend automatisch, so daß der Bahnverkehr sehr sicher abläuft.

Die grundlegende Idee für die Regelung des Bahnverkehrs war, die Strecke in einzelne Abschnitte (Blocks genannt) zu unterteilen. Jeder Abschnitt wird von einem Blockwärter überwacht, der immer nur einem Zug die Einfahrt gestattet. Erst wenn der Zug den Abschnitt verlassen hat, wird durch die Signale die Strecke wieder freigegeben.

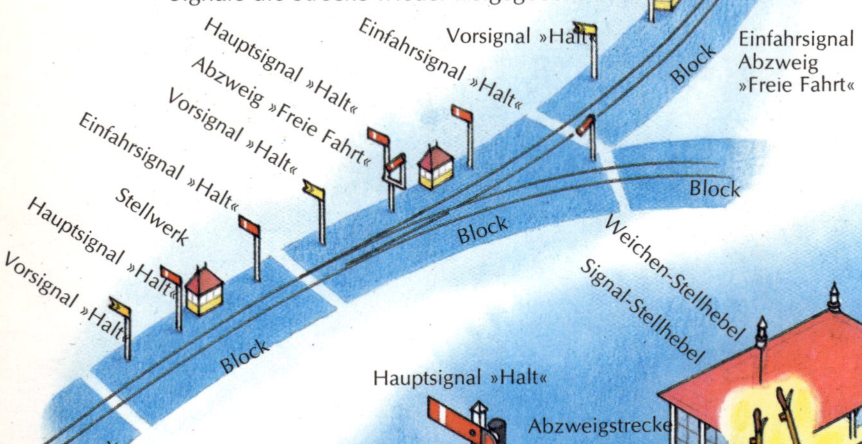

In den frühen Zeiten der Eisenbahn, als erst wenige Züge mit geringer Geschwindigkeit fuhren, gaben Eisenbahnpolizisten, die entlang der Strecke postiert waren, die Signale: Flaggen, Tafeln und Laternen wurden an Masten hochgezogen, oder es wurde lediglich durch Handsignale angezeigt, ob der nächste Abschnitt frei oder noch von einem anderen Zug befahren war.

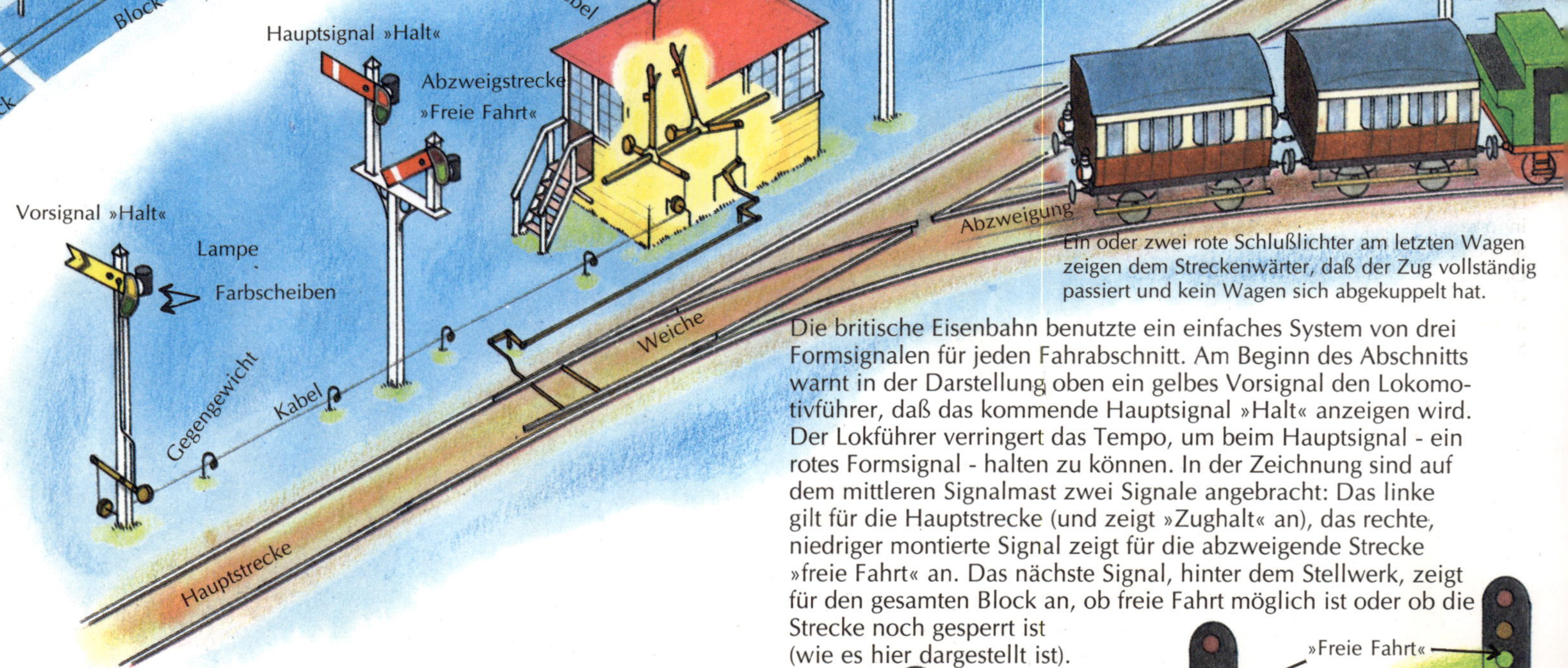

Ein oder zwei rote Schlußlichter am letzten Wagen zeigen dem Streckenwärter, daß der Zug vollständig passiert und kein Wagen sich abgekuppelt hat.

Die britische Eisenbahn benutzte ein einfaches System von drei Formsignalen für jeden Fahrabschnitt. Am Beginn des Abschnitts warnt in der Darstellung oben ein gelbes Vorsignal den Lokomotivführer, daß das kommende Hauptsignal »Halt« anzeigen wird. Der Lokführer verringert das Tempo, um beim Hauptsignal - ein rotes Formsignal - halten zu können. In der Zeichnung sind auf dem mittleren Signalmast zwei Signale angebracht: Das linke gilt für die Hauptstrecke (und zeigt »Zughalt« an), das rechte, niedriger montierte Signal zeigt für die abzweigende Strecke »freie Fahrt« an. Das nächste Signal, hinter dem Stellwerk, zeigt für den gesamten Block an, ob freie Fahrt möglich ist oder ob die Strecke noch gesperrt ist
(wie es hier dargestellt ist).

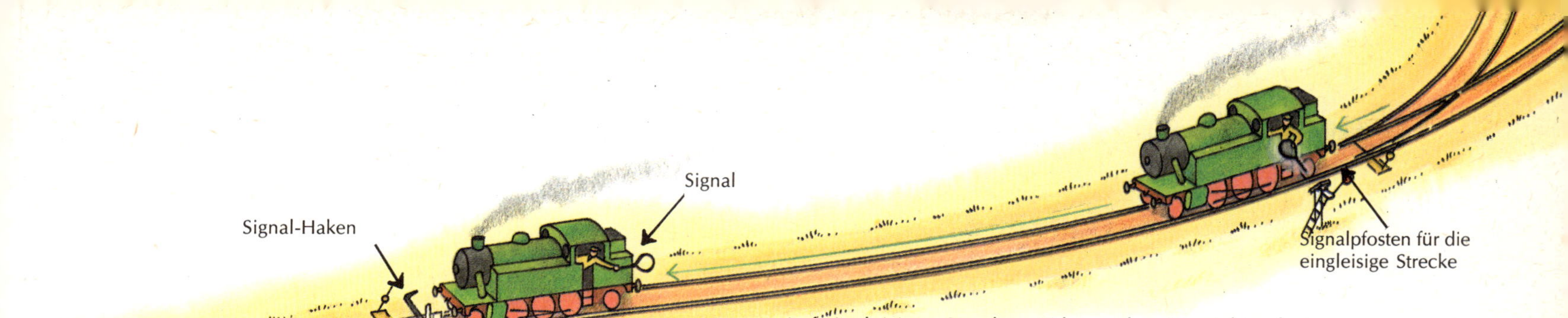

Auf eingleisigen Strecken ist besondere Vorsicht geboten. Früher mußten die Lokomotivführer bei der Einfahrt in einen Fahrabschnitt ein Signal von einem Pfosten aufnehmen und am Ende des Fahrabschnitts wieder deponieren. Von dort konnte es im Gegenverkehr erneut mitgenommen werden. Da immer nur auf einer Lokomotive das Signal mitgeführt werden konnte, war das Risiko eines Zusammenstoßes - zumindest theoretisch - ausgeschaltet.

Formsignale sehen überall anders aus, doch sie wurden lange Zeit in aller Welt verwendet. Heute sind sie weitgehend durch Lichtsignale abgelöst worden.

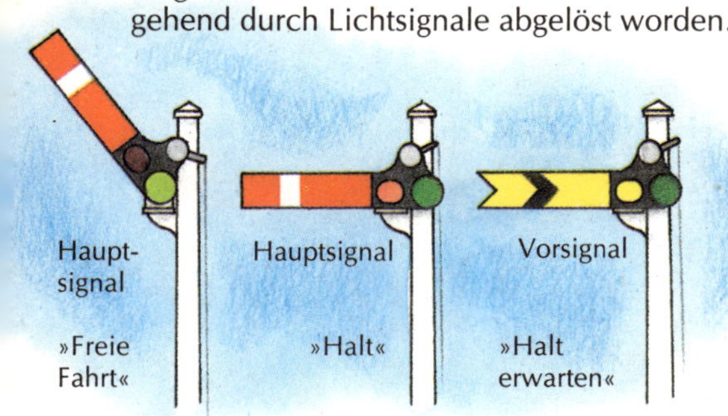

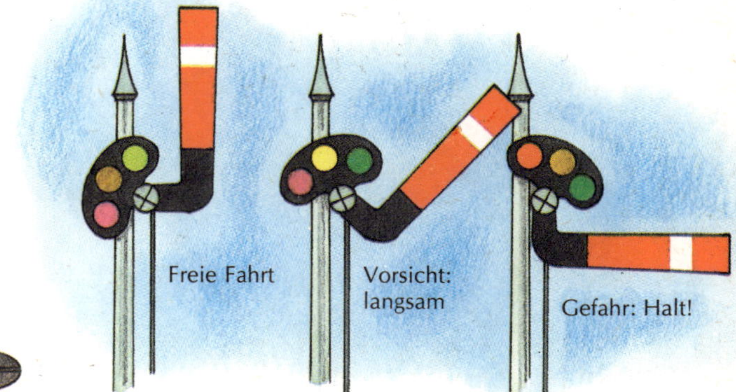

Amerikanische Formsignale in drei Stellungen

Die britischen Formsignale bestehen aus roten Hauptsignalen und gelben Vorsignalen. Die horizontale Stellung eines Signals bedeutet »Halt« bzw. »Vorwarnung«, ein gehobener oder abgesenkter Arm gibt die Fahrt frei.

Die meisten Eisenbahnlinien sind heute mit automatischen Fahrsignalen ausgerüstet, die von den Zügen selbst gesteuert werden. Noch immer ist eine Bahnstrecke in zahlreiche Blocks unterteilt, die jeweils mit mehreren Form- und Lichtsignalen neben der Strecke und zusätzlich mit automatischen Signalen zwischen den Schienen gesichert werden. Wenn eine Lokomotive über eine solche Vorrichtung fährt, wird das danebenstehende Signal auf Rot umgestellt: Der jetzt vom Zug befahrene Block ist gesperrt. Beim nächsten Kontakt schaltet das erste Signal auf Gelb (»Halt erwarten«), bis der Zug so weit gefahren ist, daß das Signal wieder auf Grün (»Freie Fahrt«) schalten kann und dem nächsten Zug die Einfahrt in diesen Block freigegeben wird.

Alle Lokomotiven der Deutschen Bundesbahn sind mit einer Sicherheitsfahrschaltung ausgerüstet. Wenn der Lokführer nicht innerhalb von 30 Sekunden ein Zeichen gibt, leuchtet zunächst ein Licht auf, dann folgt ein Warnton. Wenn der Lokführer immer noch nicht reagiert, wird innerhalb von 3 Sekunden eine automatische Schnellbremsung eingeleitet.
Damit zusammen hängt die »Induktive Zugsicherung« (Indusi); durch Magnete am Gleis und an der Lok wird überprüft, ob der Zug sich an die Signalbefehle hält. Wenn er nicht richtig reagiert, wird ebenfalls eine Schnellbremsung ausgelöst.

Deutsches Vorsignal »Langsamfahrt erwarten«

Sollte ein Lokomotivführer ein Streckensignal nicht beachten, löst ein Gleismagnet Alarm und nötigenfalls eine Schnellbremsung aus.

Zahnrad- und Seilbahnen

Weil die Haftung zwischen Schienen und Rädern aus Stahl nur sehr mangelhaft ist, haben Lokomotiven bei Steigungen große Probleme. Für Bahnen in den Bergen mußte man sich deshalb besondere Lösungen einfallen lassen.

Die erste Zahnradbahn der Welt wurde 1869 von Sylvester Marsh für den Mount Washington in den USA gebaut. Zwei Jahre später baute der Schweizer Ingenieur Nikolaus Riggenbach eine Zahradbahn für den Rigi in der Schweiz, die das Vorbild für zahlreiche ähnliche Bahnen in den Alpen geworden ist.

Zahnräder und Zahnstange nach Riggenbach

Lokomotive Nr.7 der Vitznau-Rigi-Bahn, 1873

Steigungsverhältnis 1 : 5

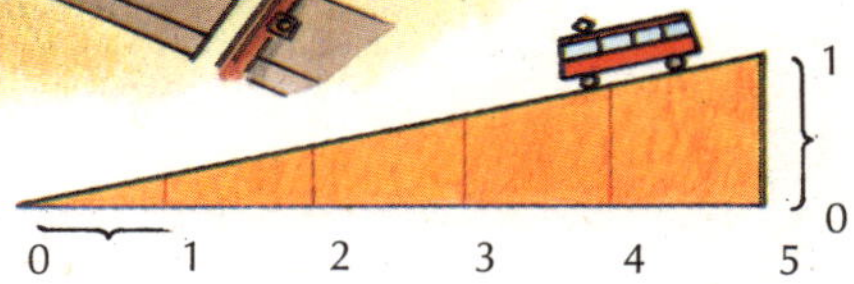

Das von Riggenbach entwickelte Antriebssystem mit Zahnstange und Zahnrad kann Steigungen im Verhältnis 1 : 5 bewältigen. Dies bedeutet, daß ein Wagen alle fünf Meter einen Meter Höhe überwindet. Das bei vielen Bergbahnen verwendete System von Roman Abt, einem anderen Schweizer Ingenieur, kann sogar Steigungen im Verhältnis 1 : 4 überwinden. Die bei weitem steilste und beeindruckenste Zahnradbahn ist am Pilatus in der Schweiz zu finden. Der Antrieb dieser Bahn ist von Edward Locher entworfen worden; bei ihm greifen zwei waagerecht angeordnete Zahnräder in die zwischen den Schienen plazierte Zahnstange. Die Anordnung bewirkt, daß die Laufräder keine Zahnkränze benötigen, weil die Bahn durch das Antriebssystem präzise geführt wird. Die Pilatusbahn kann Steigungen im Verhältnis 1 : 2 überwinden.

Das Antriebssystem von Roman Abt für Steigungen bis 1 : 4

Steigungsverhältnis 1 : 4

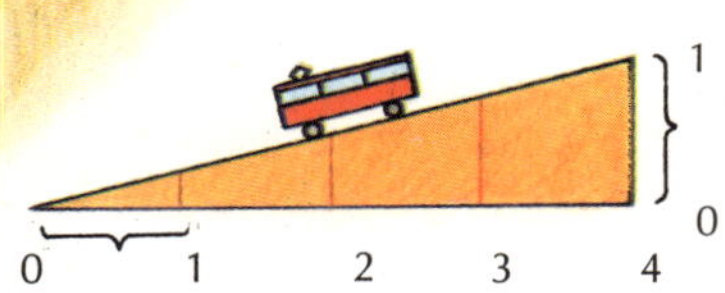

Das Locher-System mit Doppelleiter-Zahnstange und zwei Triebzahnrädern treibt die steilste Zahnradbahn der Welt zum Pilatus in der Schweiz mit einem Steigungsverhältnis 1 : 2 an.

Lokomotive Nr. 9 der Pilatus-Bergbahn, 1900

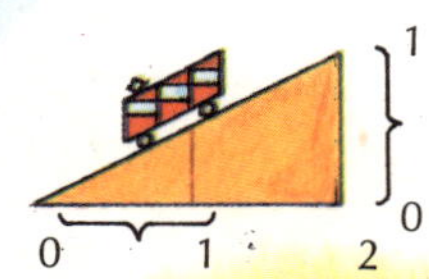

Steigung 1 : 2

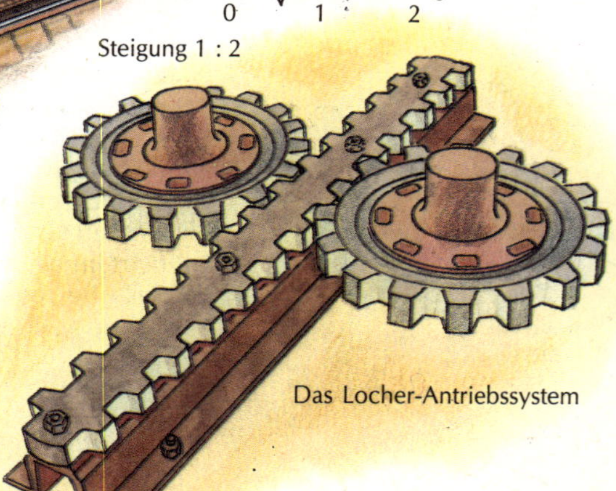

Das Locher-Antriebssystem

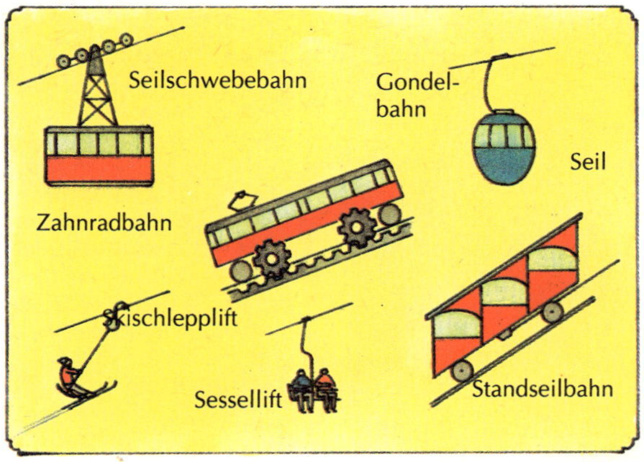

In den Bergen gibt es neben den Zahnradbahnen noch andere Transportmittel. Hier sind die bekanntesten abgebildet.

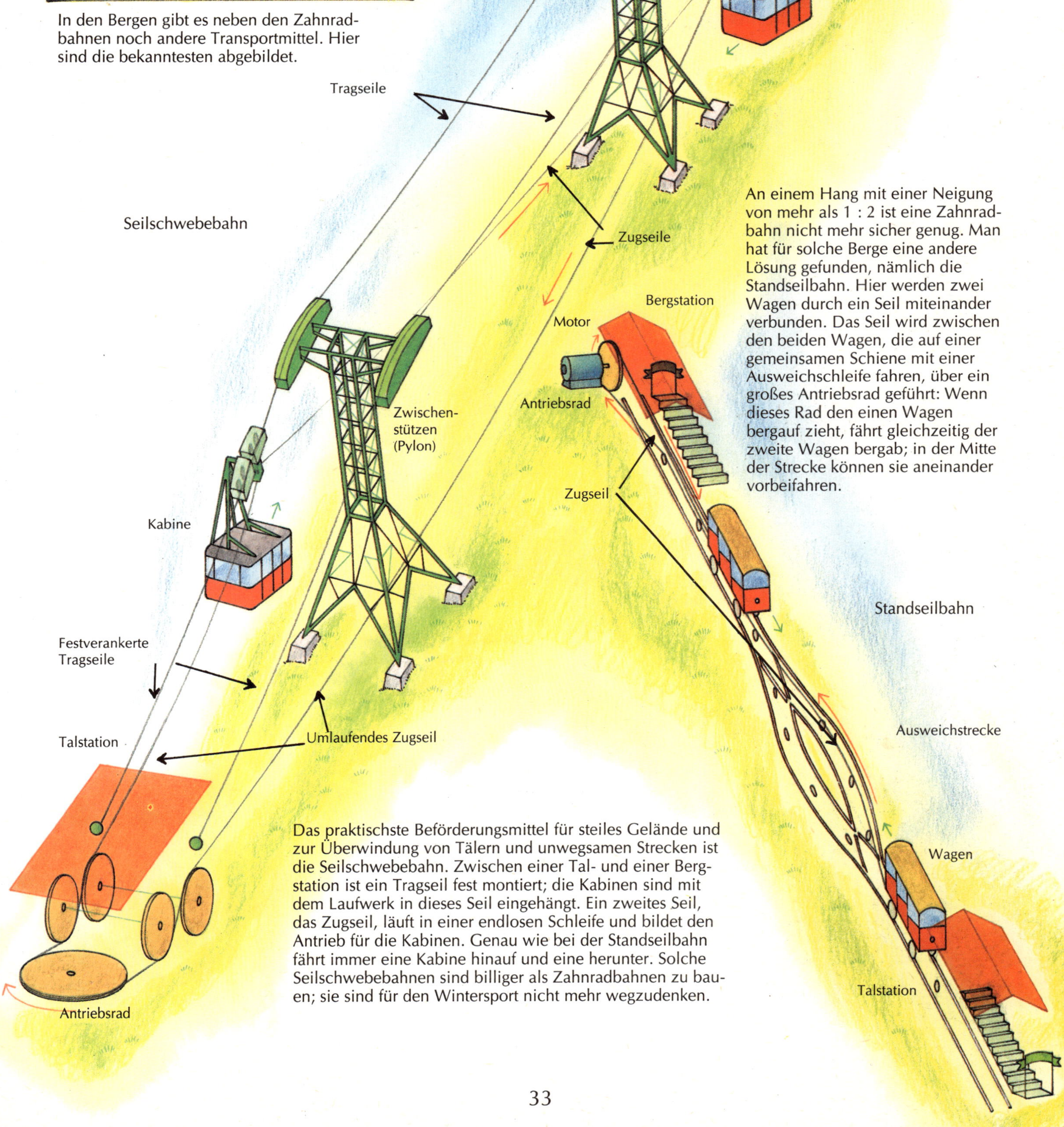

An einem Hang mit einer Neigung von mehr als 1 : 2 ist eine Zahnradbahn nicht mehr sicher genug. Man hat für solche Berge eine andere Lösung gefunden, nämlich die Standseilbahn. Hier werden zwei Wagen durch ein Seil miteinander verbunden. Das Seil wird zwischen den beiden Wagen, die auf einer gemeinsamen Schiene mit einer Ausweichschleife fahren, über ein großes Antriebsrad geführt: Wenn dieses Rad den einen Wagen bergauf zieht, fährt gleichzeitig der zweite Wagen bergab; in der Mitte der Strecke können sie aneinander vorbeifahren.

Das praktischste Beförderungsmittel für steiles Gelände und zur Überwindung von Tälern und unwegsamen Strecken ist die Seilschwebebahn. Zwischen einer Tal- und einer Bergstation ist ein Tragseil fest montiert; die Kabinen sind mit dem Laufwerk in dieses Seil eingehängt. Ein zweites Seil, das Zugseil, läuft in einer endlosen Schleife und bildet den Antrieb für die Kabinen. Genau wie bei der Standseilbahn fährt immer eine Kabine hinauf und eine herunter. Solche Seilschwebebahnen sind billiger als Zahnradbahnen zu bauen; sie sind für den Wintersport nicht mehr wegzudenken.

Verbrennungsmotoren

Wenn du einmal unter die Motorhaube eines Autos guckst, wirst du wohl mit Staunen das Gewirr von Drähten, Kabeln und Schläuchen zwischen den verschiedenen seltsam geformten Gehäusen betrachten. Es ist schwer vorstellbar, daß etwas so unordentlich aussehen - und dennoch ein Auto antreiben kann. Auch wenn ein Motor mit all diesen verschiedenen Bestandteilen kompliziert aussieht, er arbeitet eigentlich auf eine sehr einfache Weise.

Der Motor ist das Herz jedes Autos. Er sieht wirklich sehr verwirrend aus, denn er besteht aus vielen ganz unterschiedlichen Teilen. Jedes verrichtet eine bestimmte Arbeit und sorgt dafür, daß der Motor einwandfrei läuft. Wenn auch nur eines dieser Bestandteile ausfällt, kann der Motor nicht richtig funktionieren. Glücklicherweise passiert das heute bei neuen Autos nicht mehr so oft, und häufig bringt schon eine kleine Reparatur alles wieder in Ordnung.

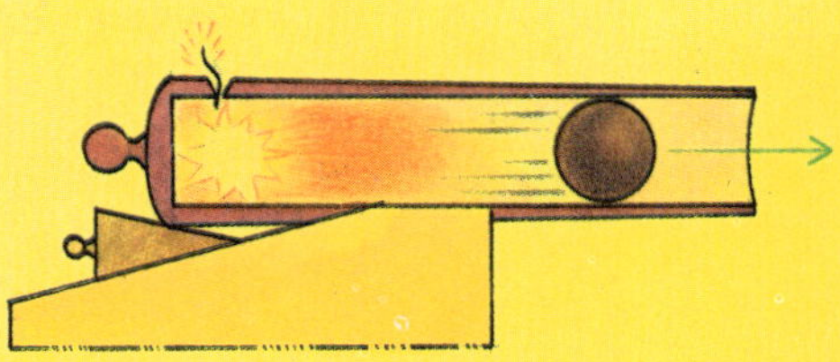

Die Lunte entzündet das Pulver; durch die Explosion wird die Kugel aus der Kanone geschossen.

Ein Funke an der Zündkerze entzündet das Benzin-Luft-Gemisch; die Explosion schiebt den Kolben vor sich her.

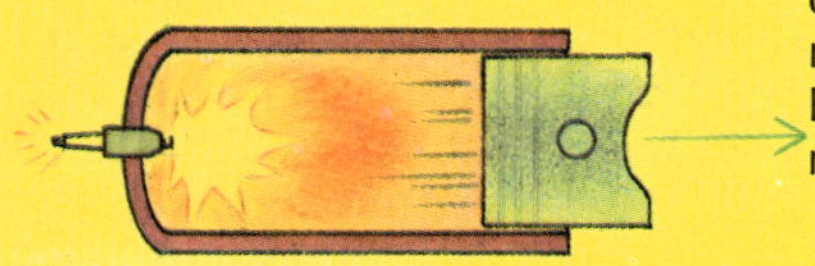

Der Benzinmotor gehört zu den Verbrennungsmotoren. In einem Zylinder verbrennt ein Gemisch aus Benzin und Luft; die entstehende Explosion ist mit dem Abschuß einer Kanonenkugel vergleichbar. Hier treibt die Explosion des Schwarzpulvers die Kugel aus dem Kanonenrohr; im Benzinmotor wird durch die Explosion und die damit verbundene Ausdehnung der Verbrennungsgase der Kolben bewegt.

Rudolf Diesels Motor, Augsburg 1893

Der Verbrennungsmotor ist nicht von einer Person allein erfunden worden, sondern das Ergebnis der Forschungen und Experimente vieler Erfinder. Dem Franzosen Alphonse Beau de Rochas wird zugeschrieben, 1862 den ersten Viertakt-Motor entwickelt zu haben. Im gleichen Jahr brachte Jean-Etienne Lenoir den Entwurf eines motorgetriebenen Fahrzeugs zu Papier. 1876 ließ sich Nikolaus Otto einen Viertakt-Motor patentieren - dieser Motor wird deshalb auch heute noch häufig Otto-Motor genannt. Carl Benz baute ab 1885 zuerst allein, ab 1886 dann mit Gottlieb Daimler die ersten Autos mit Verbrennungsmotor. 1893 erfand Rudolf Diesel einen mit schwererem Kraftstoff betriebenen Motor, der nach ihm benannt ist. Der Dieselmotor wird heute vor allem zum Antrieb von Nutzfahrzeugen, Lastwagen, aber auch Personenwagen eingesetzt.

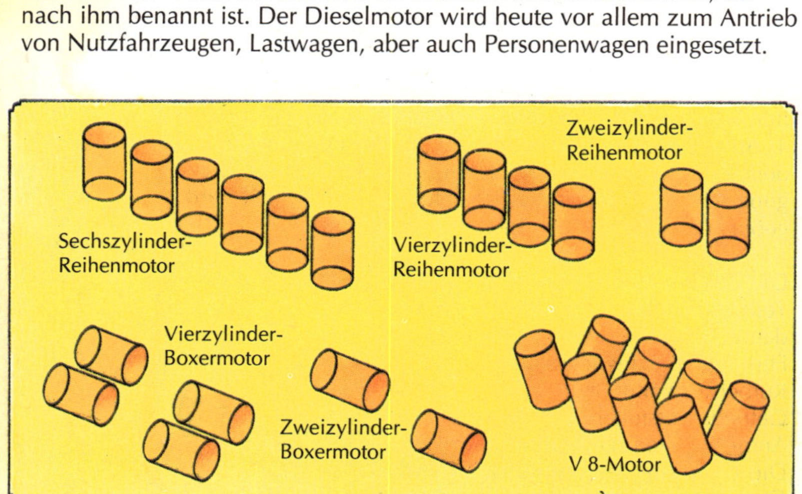

Benzinmotoren werden mit unterschiedlich vielen Zylindern gebaut, die außerdem verschieden angeordnet werden können. Hier sind die wichtigsten Typen.

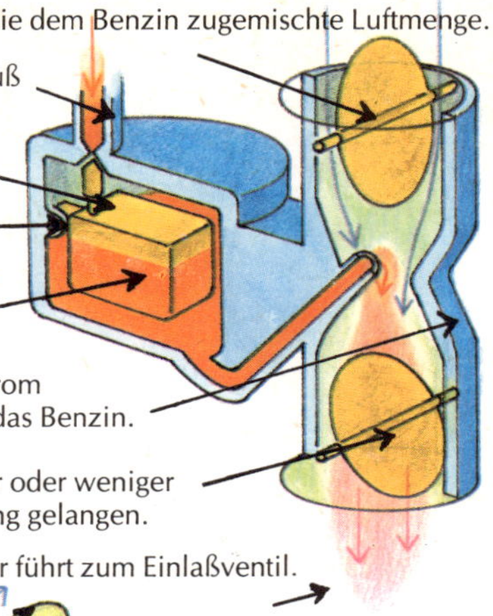

Ein wichtiges Bestandteil eines Verbrennungsmotors ist der Vergaser. Er ist nahe beim Einlaßrohr plaziert und hat die Aufgabe, Benzin mit Luft in einem bestimmten Verhältnis zu mischen. Die Drosselklappe, die mit dem Gaspedal verbunden ist, reguliert die Menge Gemisch, die den Zylindern zugeführt wird - und damit auch die Geschwindigkeit, mit der das Auto fährt. Bei vielen neueren Otto-Motoren übernimmt eine Einspritzpumpe die Aufgabe des Vergasers.

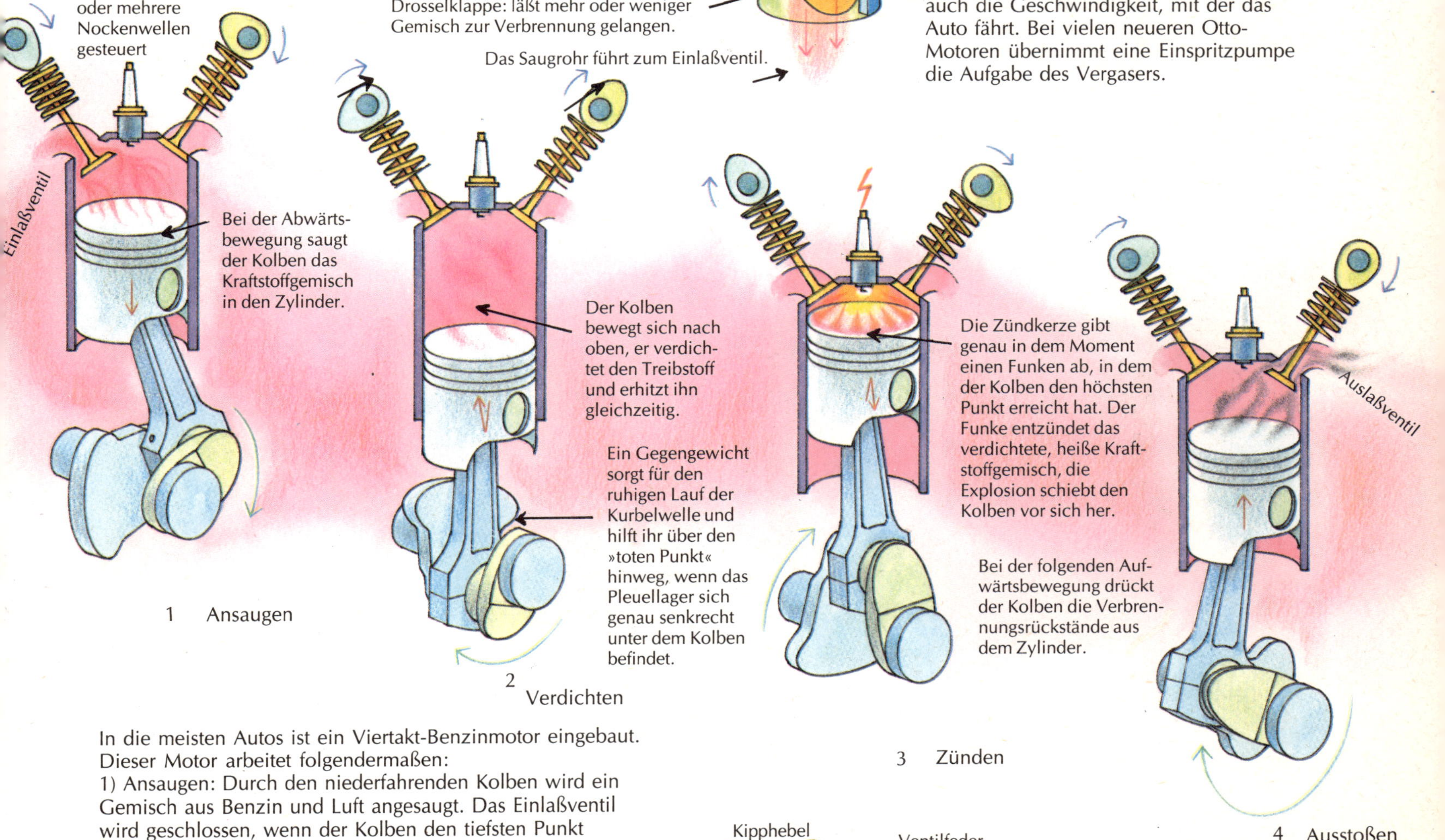

In die meisten Autos ist ein Viertakt-Benzinmotor eingebaut. Dieser Motor arbeitet folgendermaßen:
1) Ansaugen: Durch den niederfahrenden Kolben wird ein Gemisch aus Benzin und Luft angesaugt. Das Einlaßventil wird geschlossen, wenn der Kolben den tiefsten Punkt erreicht hat.
2) Verdichten: Der sich nach oben bewegende Kolben komprimiert das Kraftstoff-Luft-Gemisch und erhitzt es dabei. Wenn der Kolben auf dem höchsten Punkt angelangt ist, wird elektrischer Strom in die Zündkerze geschickt - ein Funke entzündet den Kraftstoff.
3) Zünden: Die explosionsartige Verbrennung treibt den Kolben nach unten; die unter ihm angebrachte Pleuelstange gibt die Kraft an die Kurbelwelle weiter. Wenn der Kolben nun wieder nach oben geht, wird das Auslaßventil geöffnet.
4) Ausstoßen: Der Kolben schiebt die Verbrennungsgase aus dem Zylinder. Auf dem höchsten Punkt der Kolbenbewegung schließt sich das Auslaßventil, das Einlaßventil wird geöffnet - und die Arbeit beginnt von neuem.

Die Zeichnung rechts zeigt die anderen wichtigen Teile des Motors neben den Kolben und macht deutlich, wie sie miteinander verbunden sind. Hinter dem Schwungrad am rechten Ende der Kurbelwelle muß man sich die Kupplung und das Getriebe vorstellen. Von hier aus leiten dann die Antriebswellen die Kraft an die Antriebsräder weiter. Die Überreste des verbrannten Benzin-Luft-Gemisches gelangen durch den Auspuff in die Umwelt; sie enthalten viele Giftstoffe. Bei modernen Motoren werden diese durch einen Katalysator weitgehend zurückgehalten.

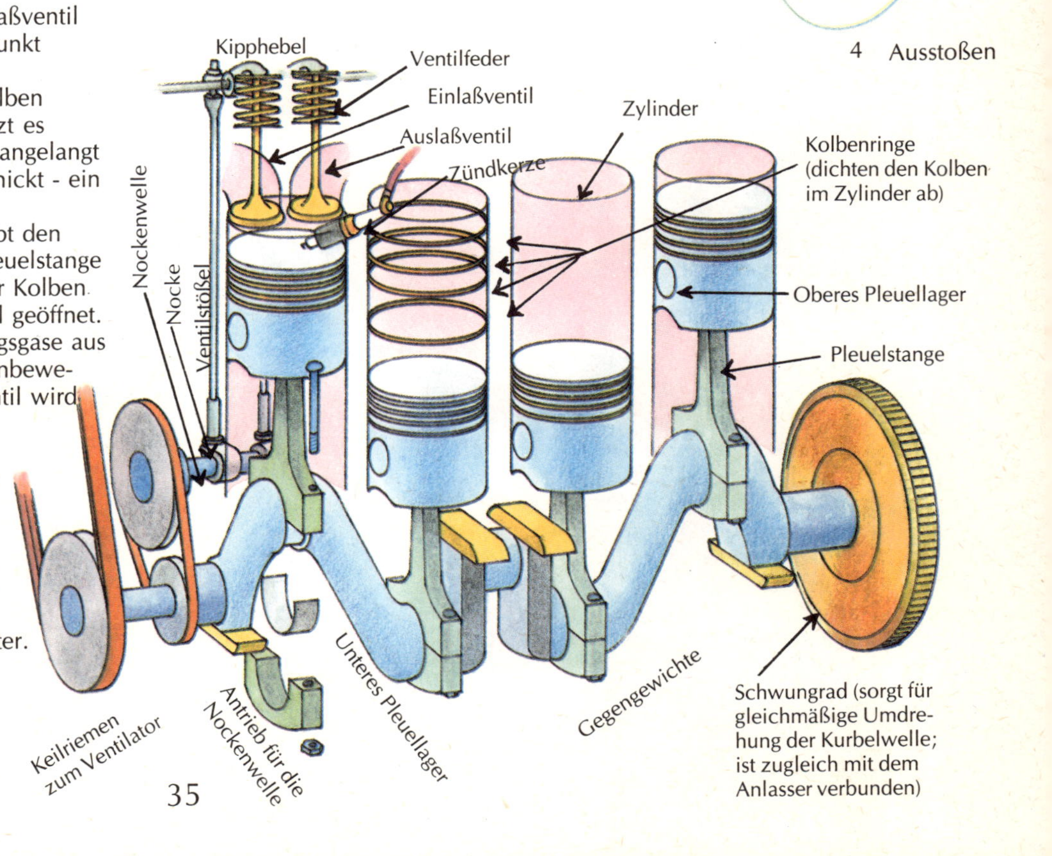

Anatomie eines Autos

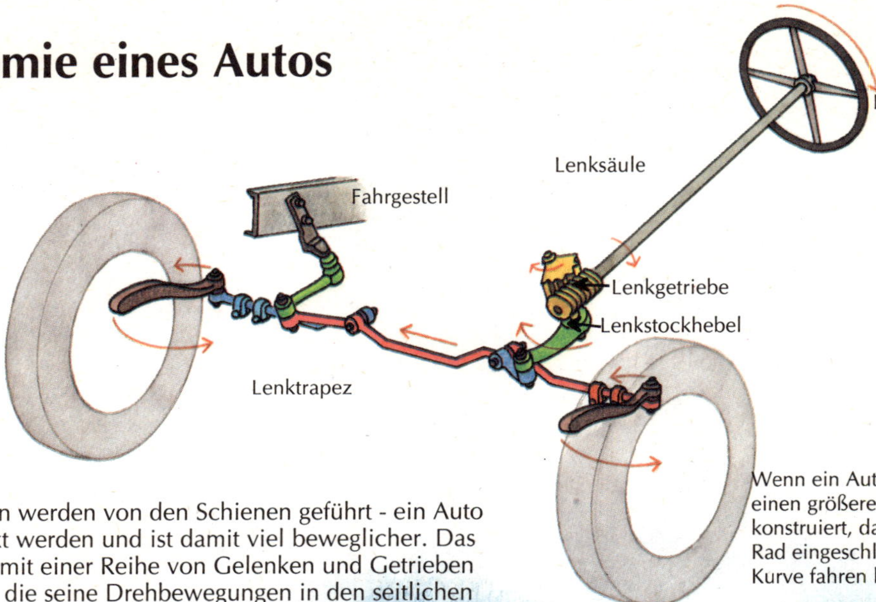

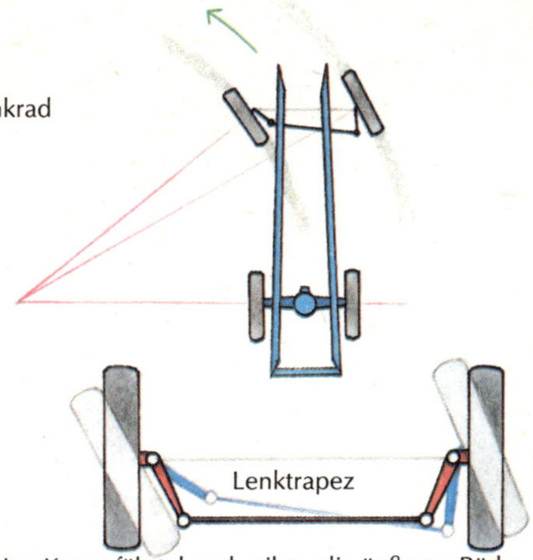

Wenn ein Auto eine Kurve fährt, beschreiben die äußeren Räder einen größeren Kreis als die inneren. Das Lenktrapez ist so konstruiert, daß das kurveninnere Rad stärker als das äußere Rad eingeschlagen wird und dadurch ohne zu rutschen die Kurve fahren kann.

Eisenbahnen werden von den Schienen geführt - ein Auto muß gelenkt werden und ist damit viel beweglicher. Das Lenkrad ist mit einer Reihe von Gelenken und Getrieben verbunden, die seine Drehbewegungen in den seitlichen Ausschlag der Räder umsetzen.

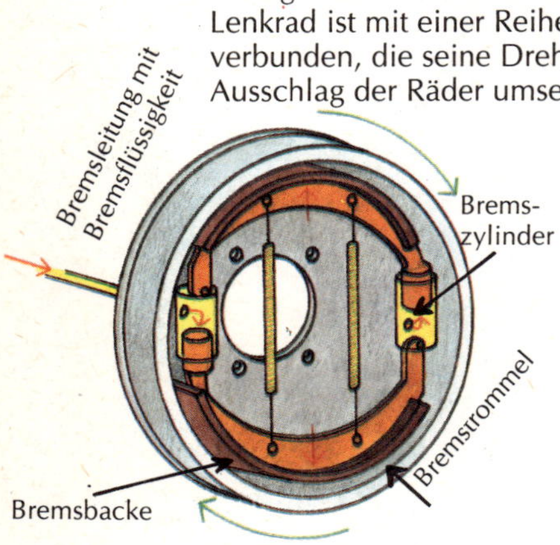

So wie ein Auto sich ohne Schwierigkeiten fortbewegen soll, muß es aber auch jederzeit und zuverlässig angehalten werden können. Deshalb gehören die Bremsen zu den wichtigsten Teilen am Auto. Sie funktionieren folgendermaßen: Der Fahrer tritt auf das Bremspedal; Über die Bremsflüssigkeit wird der Druck an die Bremsen weitergeleitet und preßt die Bremsbacken von innen gegen die sich drehende Bremstrommel. Durch die Reibung wird das Rad abgebremst. Bei einer Scheibenbremse werden die Bremsklötze von außen auf die Scheibe gedrückt.

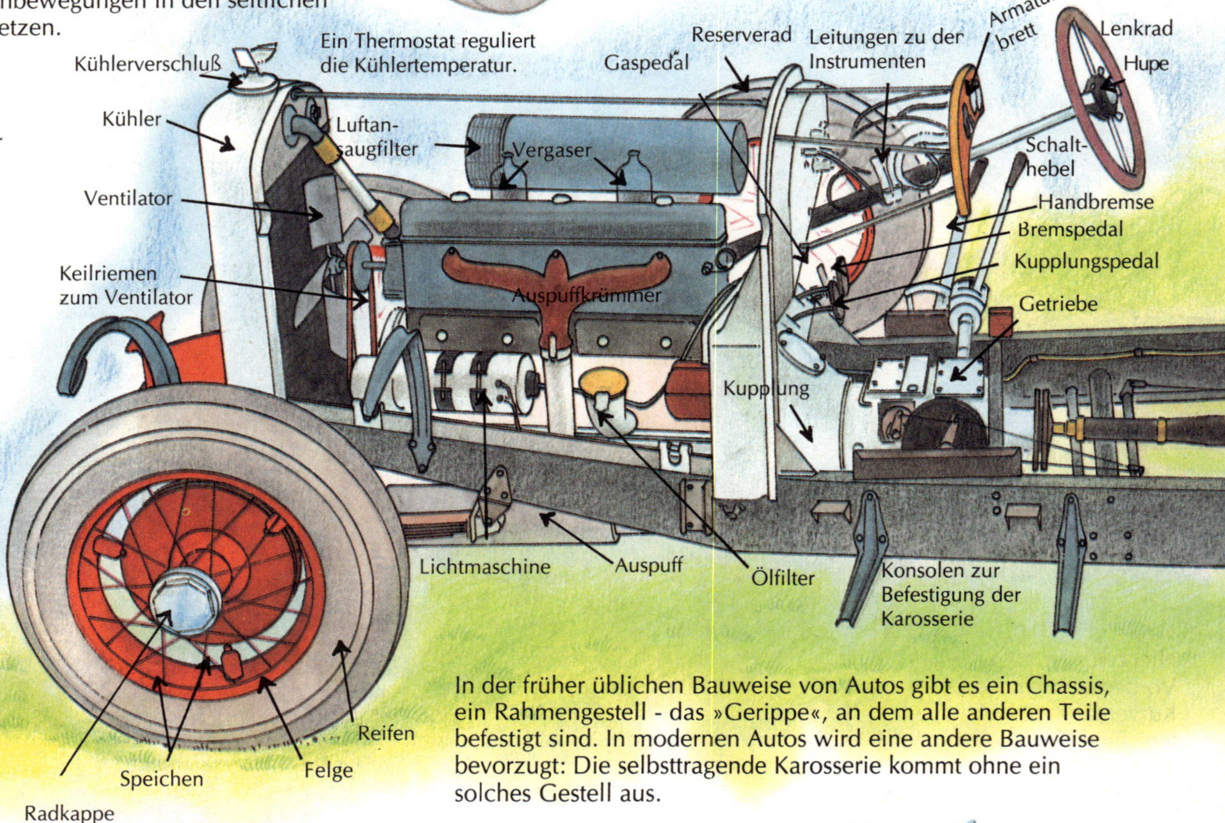

In der früher üblichen Bauweise von Autos gibt es ein Chassis, ein Rahmengestell - das »Gerippe«, an dem alle anderen Teile befestigt sind. In modernen Autos wird eine andere Bauweise bevorzugt: Die selbsttragende Karosserie kommt ohne ein solches Gestell aus.

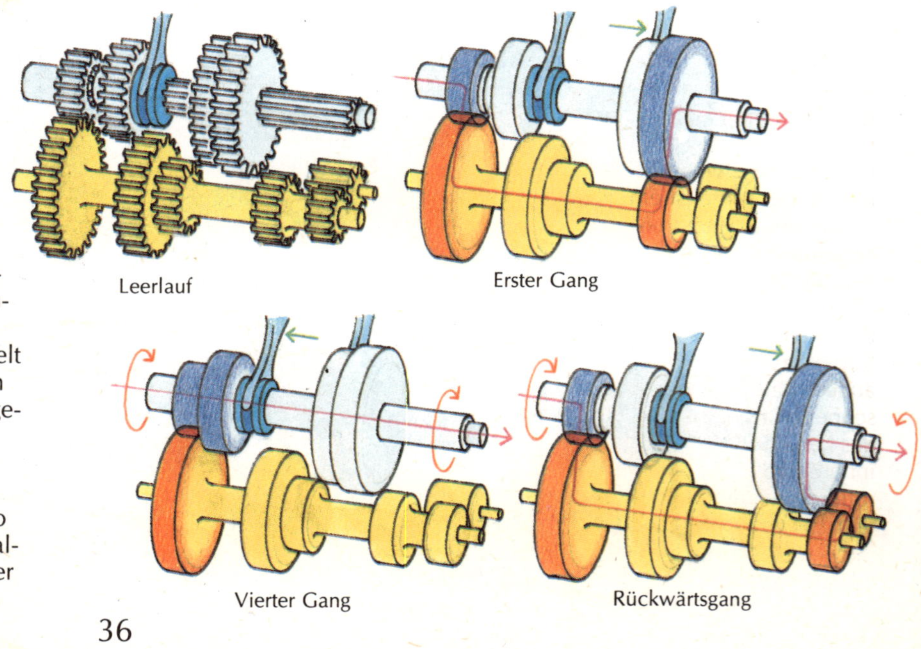

Zwischen Motor und Antiebswellen befindet sich das Getriebe, in dem auf zwei Wellen angeordnete, unterschiedlich große Zahnräder ineinandergreifen. Je nachdem, ob ein kleines Zahnrad auf der einen Welle mit einem großen Zahnrad auf der anderen Welle gekuppelt ist oder umgekehrt ein großes mit einem kleinen, kann bei gleicher Motordrehzahl eine andere Umdrehungsgeschwindigkeit der Räder erreicht werden. Wenn das Auto anfährt oder eine Steigung hinauffährt, wird viel Kraft benötigt; dann macht die Kurbelwelle viele Umdrehungen für eine Umdrehung der Räder. Ist das Auto in Fahrt gekommen, wird in den höheren Gang geschaltet; dann machen die Antriebswellen ähnlich viele oder sogar mehr Umdrehungen als die Kurbelwelle.

Jedes Auto ist, ähnlich dem menschlichen Körper, aus zahlreichen unterschiedlichen Organen zusammengesetzt. Der Motor ist sein Herz, der es lebendig macht; die Lenkung und die Bremsen sind, wie unsere Beine und Füße, für die Fortbewegung zuständig. Das Aussehen des Autos hat sich im Lauf seiner über 100jährigen Geschichte geändert, die Funktionen seiner Organe sind aber im wesentlichen gleichgeblieben.

Dieses Auto ist ein 4 ¼-Liter-*Bentley* Salonwagen aus den 30er Jahren

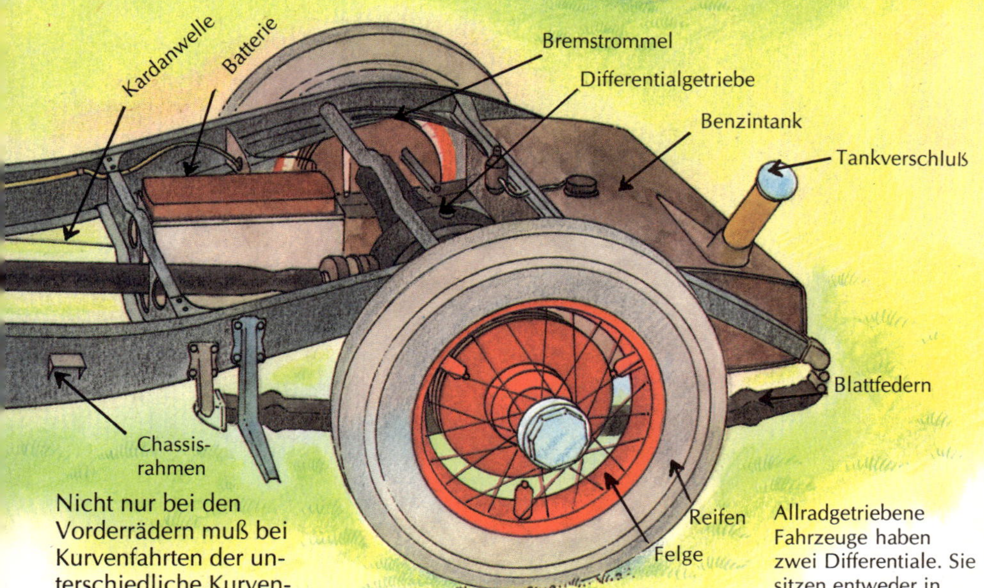

Nicht nur bei den Vorderrädern muß bei Kurvenfahrten der unterschiedliche Kurvenradius für die Räder ausgeglichen werden, auch die Antriebsräder könnten durchdrehen - wenn es nicht das Differentialgetriebe gäbe. Bei Autos mit Hinterradantrieb ist die Hinterachse zweigeteilt. In der Mitte ist ein raffiniertes System von Kegelrädern angeordnet, das bei der Fahrt durch eine Kurve das äußere Rad schneller als das kurveninnere Rad rotieren läßt.

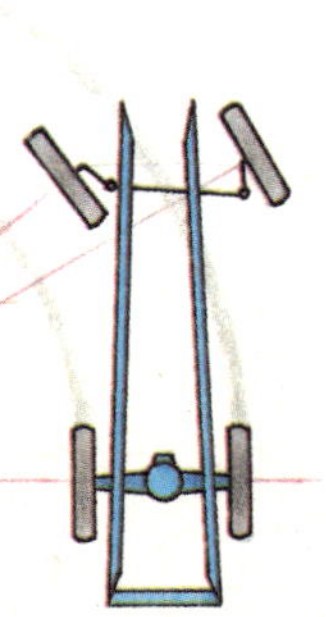

Allradgetriebene Fahrzeuge haben zwei Differentiale. Sie sitzen entweder in den beiden Achsen oder eines zwischen den Antriebsachsen.

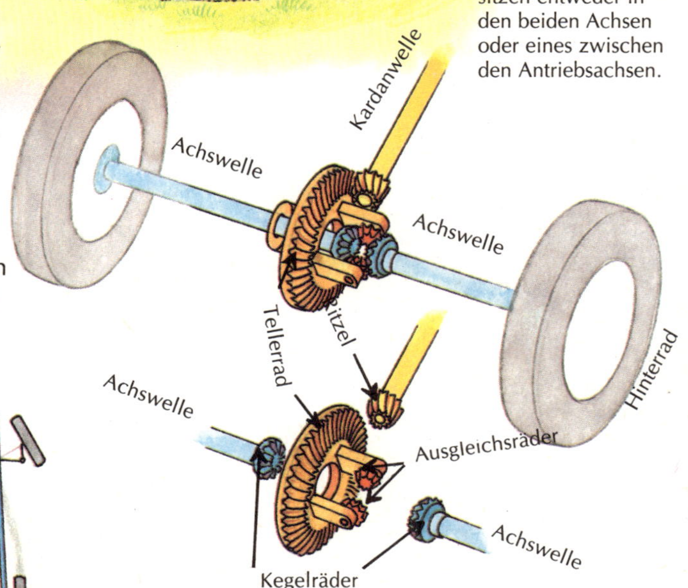

Autokarosserien sind im Lauf der Jahre immer windschnittiger gestaltet worden. Daneben hat man viele verschiedene Wagentypen entwickelt, die unterschiedlichen Platz- und Fahrkomfort anbieten. Hier sind einige der bekanntesten Typen abgebildet.

Klassische Automobile

Dem französischen Ingenieur N.J. Cugnot kommt die Ehre zu, das erste dampfgetriebene Fahrzeug gebaut und gefahren zu haben. Er baute gleich zwei dieser Dampfmobile, eines 1769 und das zweite ein Jahr später - aber keines konnte länger als fünfzehn Minuten fahren, denn dann war der ganze Wasservorrat im Dampfkessel verbraucht. Die zweite, für das Militär gebaute Maschine kann man heute im Museum in Paris besichtigen.

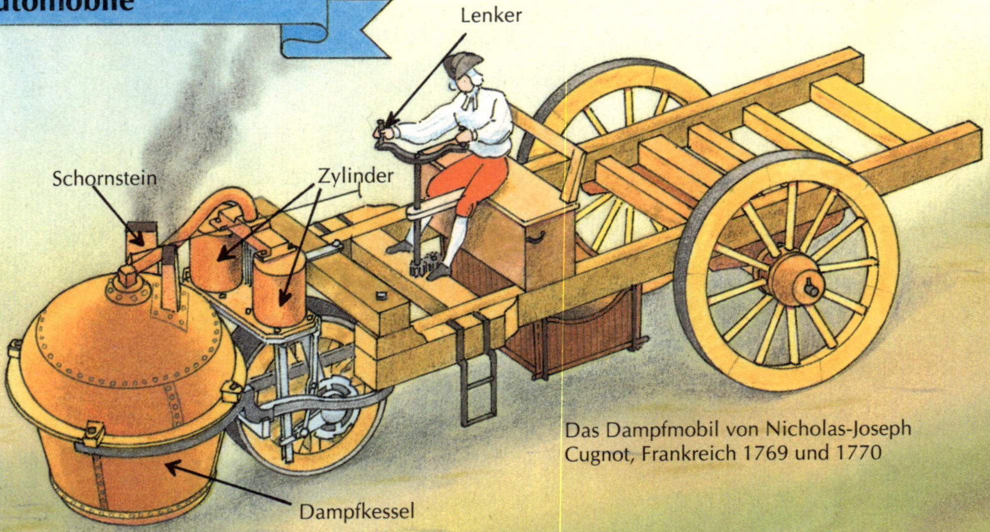

Das Dampfmobil von Nicholas-Joseph Cugnot, Frankreich 1769 und 1770

Gottlieb Daimler und Carl Benz gelten heute als die wahren Väter des Automobils. Beide entwickelten und bauten unabhängig voneinander Fahrzeuge mit Benzinmotoren, die vielen anderen Erfindern als Vorbild dienten.

Gottlieb Daimlers vierrädriges Automobil, Deutschland 1886

Der *Patent-Motorwagen* von Carl Benz, Deutschland 1886

Mercedes GP 4,5 Liter, Deutschland 1914

1914 gewann der Rennfahrer Christian Lautenschläger den Großen Preis von Frankreich in einem *Mercedes*-Rennwagen mit einer Durchschnittsgeschwindigkeit von 105 km/h. Als deutscher Rennwagen war das Auto weiß lackiert.

Jaguar-Sportwagen wurden berühmt durch die 24-Stunden-Rennen von Le Mans, die 1951 und 1953 von dem speziell für diese Rennen konstruierten C-Typ gewonnen wurden - lackiert in der grünen Farbe englischer Rennwagen.

Auto-Union-Rennwagen, Deutschland 1934 - 37

Jaguar C, Großbritannien 1951

Vor dem Zweiten Weltkrieg waren die *Mercedes*- und *Auto-Union*-Rennwagen die beherrschenden Fahrzeuge vieler Rennen und bewiesen das hohe Niveau des Automobilbaus in Deutschland. Der *Auto-Union*-Rennwagen hatte einen luftgekühlten Motor mit 16 Zylindern, der etwa 500 PS stark war. Motor und Tank waren hinter dem Fahrer eingebaut.

Der Erfinder der ersten Schienen-Lokomotive, Richard Trevithick, testete 1801 auch eine Straßen-Lokomotive. Als er damit einige 100 Meter weit gefahren war, gab es technische Probleme. Trevithick begab sich zunächst einmal zum Essen in ein Gasthaus, um den ersten Fahrversuch zu feiern. Als er zurückkam, war seine Maschine völlig ausgebrannt.

Richard Trevithicks Straßen-Lokomotive *Camborne*, Großbritannien 1801

Dampfwagen von William Henry James, Großbritannien 1828

Eines der bekanntesten Autos ist das legendäre *Modell T* von Ford, das 1908 bis 1927 in rund 15 Millionen Exemplaren gebaut worden ist. Es war ein robustes und billiges Auto: 1926 kostete es nur 290 Dollar. Die Hälfte aller Autos auf den amerikanischen Straßen waren *Ford T*.

Anfang des 19. Jahrhunderts wurden in England mehrere Dampfwagen entworfen. Sie konnten sich aber nicht durchsetzen, denn 1831 wurde ein Gesetz erlassen, wonach vor jedem motorbetriebenen Fahrzeug ein Mann laufen und eine rote Flagge schwenken mußte!

1934 stellte die französische Autofirma Citroën ein revolutionäres Auto vor: Es hatte Vorderradantrieb, ein neuartiges Getriebe, Hydraulikbremsen und eine selbsttragende Karosserie. Es wurde bis 1957 kaum verändert gebaut.

Ford T, USA (dieses Modell wurde 1922 gebaut)

Citroën 7S Traction Avant, Frankreich 1934

Volkswagen Käfer, Deutschland, Modell von 1953

Kurz vor Ausbruch des Zweiten Weltkriegs beauftragte die deutsche Regierung den Ingenieur Ferdinand Porsche, ein billiges, für jedermann erschwingliches Auto zu entwerfen. Das Ergebnis war der *Volkswagen*, später auch *Käfer* genannt, der aber erst nach dem Krieg in vielen Millionen Exemplaren gebaut wurde.

Jeep, USA

Im Zweiten Weltkrieg bestellte die US-Armee bei der Automobilindustrie ein leichtes, geländegängiges Auto mit Vierrad-Antrieb für vielfältige Einsätze (auf englisch »general purpose«, abgekürzt ausgesprochen »dschih-pih«). Gebaut wurde schließlich der in aller Welt bekannte »*Jeep*«

Ford GT Mark II, USA 1966

1966 belegte die Ford Motor Company beim 24-Stunden-Rennen von Le Mans die ersten drei Plätze mit drei *GT Mark II*. Viele von den in Rennen gewonnen Erfahrungen wenden die Autohersteller dann auch in den normalen Serienautos an.

Formel I-Rennen sind heute sehr populär. Formel I-Rennwagen sind Einsitzer, für deren Konstruktion und Ausrüstung jeweils bestimmte Regeln - die Formel - gelten.

Formel I-Rennwagen von *Ferrari*, Italien 1963

Lastwagen und Busse

Foden 6-Rad-Dampftraktor, Großbritannien 1916

Bevor seit den zwanziger Jahren dieses Jahrhunderts die ersten Lastwagen mit kraftvollen Dieselmotoren gebaut wurden, waren bei allen schweren Arbeiten dampfgetriebene Traktoren im Einsatz, sei es als Transportfahrzeuge, im Straßenbau oder in der Landwirtschaft.

Schneider H-Bus, Frankreich 1916

An den Omnibussen in Paris schätzte man vor allem die offene Heckplattform, über die man den Bus bestieg und von der aus man freie Aussicht hatte. Der *Schneider H*-Bus wurde in Paris zwischen den beiden Weltkriegen eingesetzt.

Kühlwagen übernehmen die Beförderung empfindlicher Güter wie Fleisch, Fisch, Obst, Gemüse und Molkereiprodukte, die sonst auf dem Weg vom Erzeuger zu den Geschäften verderben könnten.

Saurer D 290, Schweiz

International Harvester Transtar 4300, USA

Riesige Sattelschlepper sind auf den amerikanischen Straßen ein vertrautes Bild. Dort transportieren die Trucks mehr Fracht als die Eisenbahnen.

Land Rover, Großbritannien

Autos mit Vierrad-Antrieb können auch dort fahren, wo die normalen Straßenwagen versagen. Einer der bekanntesten Geländewagen ist der *Land Rover*, der in vielen Varianten für alle möglichen Aufgaben lieferbar ist.

In den Zeichnungen sind einige typische Lastwagen und Busse dargestellt.

In den USA leben die Kinder oft weit entfernt von ihrer Schule: Sie werden von den gelben Schulbussen zur Schule und wieder nach Hause gebracht. Wenn ein Schulbus hält, zeigen rote Blinklichter den anderen Autofahrern, daß sie anhalten müssen, damit die Kinder gefahrlos über die Straße gehen können.

Schulbus mit *Wayne*-Karosserie, USA

Londoner Routemaster-Bus, Großbritannien 50er Jahre

Um mehr Fahrgäste in einem Bus befördern zu können, hat ein kluger Autobauer den Doppeldecker-Bus entwickelt. Er machte dabei Anleihen bei den pferdegezogenen Omnibussen, die ebenfalls ein zweites Deck - allerdings ohne Dach - hatten. Solche Doppeldecker fuhren einst in vielen Städten; in Berlin und in London sind sie heute noch im Straßenverkehr zu sehen. Besonders begehrt sind die Fensterplätze im Oberdeck.

Autotransporter *Renault GB 231*, Frankreich

Für die Lieferung neuer Autos von den Fabriken zu den Autohändlern werden vielfach solche Transporter eingesetzt. Die oberen Ladeflächen werden abgesenkt, damit die Autos mit eigener Kraft hinauffahren können. Für die unteren Ladeflächen werden Rampen am Heck heruntergelassen.

Eine römische Straße

Die alten Römer waren hervorragende Straßenbauer. Ihre Straßen sollten nicht nur dem zivilen Verkehr zwischen den Städten ihres Imperiums dienen, sondern auch den raschen Transport der Soldaten überall dorthin ermöglichen, wo es Unruhen gab.

Die alten römischen Straßen waren möglichst gradlinig angelegt. Der Straßenverlauf wurde mit Hilfe einfacher Visierinstrumente vermessen; damit der Straßenbelag einigermaßen eben geriet, wurden schon damals Wasserwaagen benutzt.

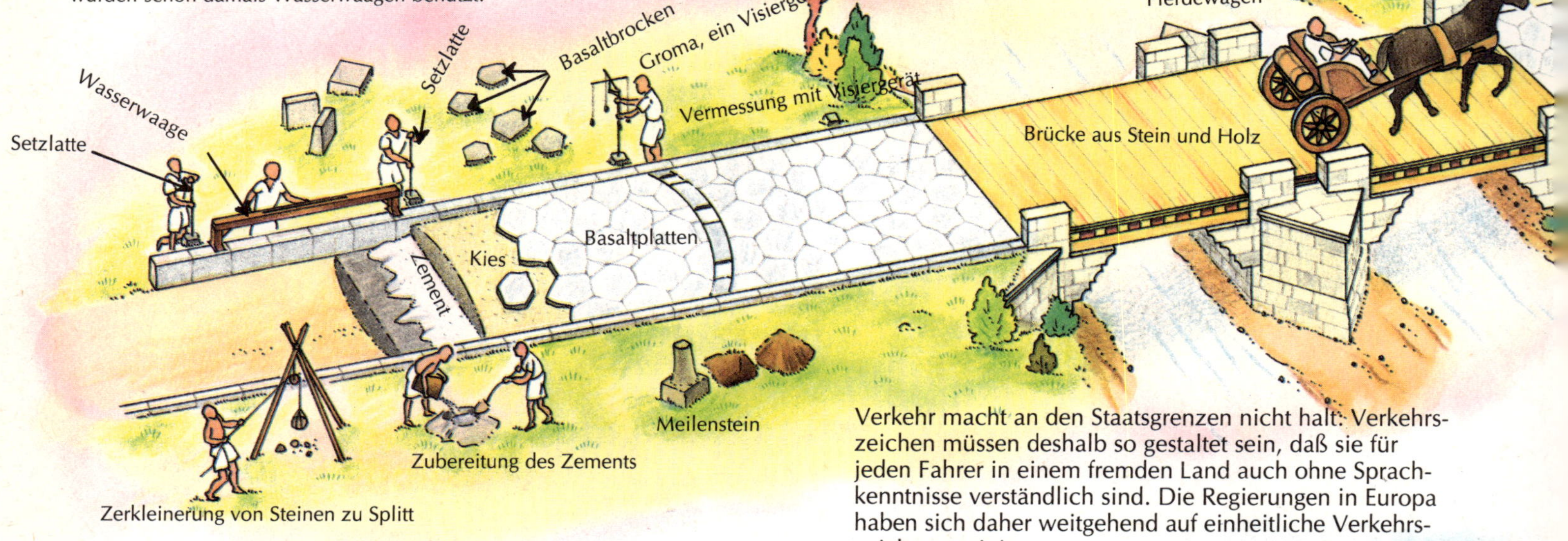

Verkehr macht an den Staatsgrenzen nicht halt: Verkehrszeichen müssen deshalb so gestaltet sein, daß sie für jeden Fahrer in einem fremden Land auch ohne Sprachkenntnisse verständlich sind. Die Regierungen in Europa haben sich daher weitgehend auf einheitliche Verkehrszeichen geeinigt.

Straßenbau

Nahezu jedes Fahrzeug braucht einen festen Untergrund, um fahren zu können. Eisenbahnen haben Schienen, die sich seit der Fahrt des ersten Zuges zwischen Liverpool und Manchester kaum verändert haben. Autos sind auf Straßen angewiesen, die sich in den letzten Jahrzehnten immer weiter entwickelt haben, da sie ständig mehr Fahrzeuge aufnehmen müssen und möglichst große Sicherheit bieten sollen. Autobahnen sind die komfortabelsten und schnellsten Verkehrswege. Sie beanspruchen zugleich aber große Flächen in der Landschaft; vor allem in den Städten zerstören die autobahnähnlichen Schnellstraßen oft die gewachsene Stadtstruktur, und deshalb ist vielen der Autoverkehr ein Ärgernis geworden.

Nach dem Untergang des römischen Reichs blieb der Straßenbau jahrhundertelang Stückwerk, für das oft unerfahrene Arbeiter verdingt wurden. So war zum Beispiel in Frankreich jeder männliche Bürger verpflichtet, eine Zeitlang Arbeiten an den öffentlichen Straßen zu verrichten.

Eine Straße im 18. Jahrhundert

Erst im 18. Jahrhundert begann man wieder, Straßen mit einiger Sorgfalt und angemessener Technik zu bauen. So wurden dank der Initiative des Franzosen Pierre-Marie-Jérome Tresaguet und der beiden Schotten John Loudon McAdam und Thomas Telford Straßen gebaut, die eine gut funktionierende Entwässerung, nur leichte Steigungen und einen festen Belag aufwiesen.

Mit dem Aufkommen des Autos veränderte sich die Konstruktion der Straßen, die ab 1905 vorwiegend geteert wurden. Mit wachsender Zahl und Geschwindigkeit der Autos mußte aber auch die Form der Straßen verändert werden: 1925 wurde in Italien zwischen Mailand und Varese die erste reine Autostraße gebaut - und heute ist der Verkehr ohne die Autobahnen gar nicht mehr denkbar. Sie verbinden alle wichtigen Städte miteinander und lassen die Menschen auch große Strecken bequem überwinden.

Eine moderne Autobahn